Monika und Jürgen Fergg

Filz und Form

Haupt

Monika und Jürgen Fergg

Filz und Form

Spielerisches Gestalten
mit Fläche, Ball und Schnur

Haupt Verlag
Bern Stuttgart Wien

Für Hannah und Jonathan
und alle Kinder, die so spielen können wie ihr

Zu Autorin und Autor:
Monika und Jürgen Fergg führen seit vielen Jahren eine Filzwerkstatt in Augsburg, dazu Kurstätigkeit in der eigenen Werkstatt und in Schulen und Einrichtungen der Erwachsenenbildung. Die Produkte, die in ihrer Werkstatt entstehen, finden den Weg in den Verkauf und in Ausstellungen.

1. Auflage: 1999

Fotografien, wo nicht anders angegeben:
Ferdinand Nonnenbroich, Ravensburg
Zeichnungen: Ferdinand Nonnenbroich, Ravensburg
Gestaltung und Satz: Atelier Mühlberg, Basel
Lektorat: Regine Balmer

Bibliografische Information der Deutschen Bibliothek:
Die Deutsche Bibliothek verzeichnet diese Publikation
in der Deutschen Nationalbibliografie;
detaillierte bibliografische Angaben sind im Internet
über http://dnb.ddb.de abrufbar.
ISBN 3-258-06673-6

Printed in Italy

www.haupt.ch

Inhalt

Vorwort

Wie ein jedes Menschenleben, so hat mein Filzerleben ganz spielerisch begonnen, ganz über die Sinne. Zunächst über den Geruch der Wolle, der Seife, dann die kringelige, kräuselige, kitzelige Struktur der Wolle – aufregend und lustig! Und die Farben! Die vielen Farben! Meine ersten Filzbälle und die vielen hundert danach haben mir Wege gewiesen zur Mitte hin. Zu meiner eigenen Mitte und hin zu den Ursprüngen dieses alten Handwerks. Von dort aus quollen mit immer neuer Lust die Fragen: Was birgt das Material? Was steckt dahinter? Was steckt darin? Was ist möglich?

Viele der Spielereien sind einem Entdeckertrieb entsprungen, wie er kleinen Menschen eigen ist, wenn sie die Rückseite eines Radios aufschrauben, um zu sehen, wo der kleine Mann sitzt, der die Geschichten erzählt.

Dieses Buch ist entstanden im Arbeiten mit Kindern und im Arbeiten für Kinder. Kleine Leute verlangen Echtheit und Qualität in den Dingen, die sie umgeben – sie haben ein Recht darauf.

Für mich war es immer ein wunderbarer Weg, mich über die Themen Spiel und Spielzeug dem experimentellen Arbeiten mit Filz zu nähern. Mein Spielfeld für all die Filzexperimente war stets das Spannungsfeld, das sich zwischen der Auseinandersetzung mit den Themen Spiel und Spielzeug in unserer Zeit und der Liebe zur alten Handwerkskunst des Filzens ergab. Ich möchte die Leserinnen und Leser dieses Buchs einladen sich auf diesem «Spielplatz» zu tummeln, neue Formen zu suchen, Altes, Vergangenes, Traditionelles aufmerksam zu betrachten, um dann Zeitgemäßes daraus zu entwickeln.

Filz wird derzeit wiederentdeckt. Auf den Laufstegen in Paris und Mailand genauso wie im Deko- und Einrichtungsbereich. Man mag sich an den Künstler Josef Beuys erinnern, den die Eigenart dieses Materials zutiefst fasziniert und beschäftigt hat und der uns mit einer Reihe großartiger Installationen eingeladen hat, dem alten/neuen Werkstoff zu begegnen.

Filz braucht Bewegung – Filz ist Bewegung. Das Erfrischende an diesem bei uns ausgestorbenen, lange vergessenen Handwerk ist, dass es keine wirklichen Regeln mehr gibt. Erlaubt ist, was die Fasern zusammenhält. Es gibt kaum ein Falsch oder Richtig und für die Farbpalette und die Wollqualitäten der Neuzeit gibt es in der Volkskunst der vergangenen Jahrhunderte keine adäquaten Vorbilder. All dies sind Gegebenheiten, die einerseits riesige Gestaltungsfreiräume eröffnen, mit denen andererseits jedoch behutsam und wohlüberlegt umgegangen werden sollte. Toleranz ist also gefragt, Leichtigkeit und Unverkrampftheit. Auch wenn all die Formen für den Augenblick in dem Buch festgehalten sind, möchte ich diese in Bewegung sehen, der Leserin und dem Leser zugespielt/zugeworfen, wie den ersten bunten Filzball.

Dieses Buch soll Sie einladen, auf die Grundformen der Filzherstellung hinzuschauen, auf ihre Vorbilder in Natur- und Menschheitsgeschichte, und im Experimentieren mit den einfachen Formen Ideen zu entwickeln, andere Schritte zu wagen und neue Verbindungen einzugehen.

Unser zärtlicher Dank gilt ganz besonders unseren beiden Kindern, für ihre wunderbaren Ideen und die tatkräftige Mithilfe in der Produktentwicklung, den zahlreichen Härtetests und nicht zuletzt für ihr großmütiges Verständnis, wenn sie die Wolle wieder einmal aus der Frühstücksbutter fieseln mussten und auf der Wäscheleine anstatt der längst fälligen Hosen und Pullover Schnüre, Schnüre, nichts als Schnüre hingen.

VON	VON
JEDER	JEDER
GENERATION	GENERATION
FORDERT	FORDERT
DERSELBE	DERSELBE
STOFF	STOFF
EINE	EINE
ANDERE	ANDERE
FORM	FORM

Reinhold Schneider

Filzexperimente und Spielzeug in unserer Zeit

Spiele – doch immer bleibe
Freundlich zu allem, womit du spielst,
Weil alles (auch tote Gegenstände)
Dein Herz mehr ansieht als Deine Hände.
Und weil alle Menschen (auch Du mein Kind)
Spielzeug des lieben Gottes sind.

Joachim Ringelnatz

Meine Filzexperimente hatten immer auch zu tun mit dem Spiel. Das Experimentieren ist an sich schon Spiel, die lustvolle Suche nach neuen und ungewöhnlichen Möglichkeiten, das Verfremden von Bekanntem. Meine Arbeit wurde aber auch stark geprägt durch Kinder und das kindliche Spiel, sei es durch das Arbeiten für Kinder, sei es durch die Erlebnisse beim Filzen mit Kindern. Es lohnt sich, einige grundlegende Gedanken zum Thema Spiel und Spielzeug anzustellen.

15 000 Stunden spielen Kinder in den ersten sechs Jahren ihres Lebens, wenn sie denn nicht daran gehindert werden – sieben Stunden am Tag. Doch was ist in den Augen der Erwachsenen Spiel und was nicht? Wer kleine Kinder beobachtet, stellt fest, dass unter den Händen der Kinder fast alles zum Spiel wird: Das Bauen eines Holzturms oder das Schieben eines Puppenwagens ganz genauso wie Anziehen, Zähne Putzen oder Einkaufen. Was wir gemeinhin als Spiel bezeichnen, ist die Auseinandersetzung der Kinder mit ihrer Umwelt. Spielen heißt die Umwelt verstehen lernen durch An- und Begreifen, durch Erfahrung.

Doch was heißt Kinderspiel in unserer Zeit? Die Kinderzimmer sind mit Spielzeug überfüllt und es stellt sich die Frage, ob dadurch das Spiel besser, schöner, intensiver geworden ist. Kinder sitzen vor Spielzeugbergen, wie es die Kindergenerationen vorher niemals kannten. Kinder werden in – sicher wohlgemeinte Schonräume – für ein «schönes Spiel» gedrängt, in denen aber Lebenserfahrungen nicht möglich sind. Die Spielzeuge heute sind zumeist eindimensional, das heißt sie können nicht zweckentfremdet werden, sondern sind durch ihr Äußeres und ihre Beschaffenheit für eine ganz bestimmte Spielhandlung geschaffen. Das schränkt die Spielzeuge ein, lässt der kindlichen Fantasie kaum noch Raum. Spielzeug wird von den Managern einer Industrie erdacht, die eher den Unternehmensprofit im Auge haben als das spielende Kind. Und mittels Werbung wird Eltern wie Kindern dann auch noch nahegebracht, was gutes Spielzeug ist.

Das Tun der Erwachsenen wird dagegen häufig für Kinder nicht mehr miterlebbar, die Umwelt schwer erfahrbar. Vermittelte das Ziehen eines Handwagens eine Vorstellung von der Leistung eines Pferdes vor einer Kutsche, so ist die Leistung eines Lastwagens nicht erlebbar. Heißes Wasser kommt aus einem Wasserhahn an der Wand – wie es heiß wird, bleibt dem Kind verschlossen. Dass gerade in den vergangenen Jahren dem Spiel wesentlich mehr Bedeutung beigemessen wurde als wohl jemals zuvor, heißt noch lange nicht, dass die Spielwaren den Sinn dieses Spiels der Kinder, sich die Umwelt zu eigen zu machen, auch begünstigen.

Spielzeug sollte schlicht, einfach sein, es sollte echt sein und vor allem sollte es anregen – anregen zum Tun. Spielzeug muss der Mobilität und Geschwindigkeit unserer Zeit gerecht werden. Beweglichkeit, körperliche als auch geistige, sind gefragte Tugenden. Spielzeug muss Kinder also in Bewegung bringen und es soll immer nur Hilfsmittel sein, Beiwerk – «Werkzeug» in einem Schaffensprozess.

Wenn man all diese Eigenschaften überdenkt, merkt man, dass vom riesigen Angebot der Spielzeugabteilung im Kaufhaus nicht mehr viel übrig bleibt. Gleichzeitig wird aber auch deutlich, dass nur sehr wenig Spielmaterial nötig ist, um Kinder zu den beschriebenen kreativen Eigenleistungen zu animieren, sie dabei zu unterstützen. Oftmals reichen Alltagsdinge, die in jedem Haushalt vorhanden sind, gänzlich aus. Ein mit Tüchern verhängter Sonnenschirm ersetzt mühelos und unendlich gestaltbar das teure Spielhäuschen im Komplettbastelpack. Wenn man nach dem Grundsatz Qualität statt Quantität entrümpelt und zu sparen beginnt, entstehen plötzlich ungeahnte Freiräume. Räume, in denen auch über selbstgemachtes Spielzeug wieder ganz neu nachgedacht werden kann. Die anrührendsten Dokumente einer Zeit sind in allen Museen der Welt die Spielzeuge, die an langen Winterabenden von Eltern, Verwandten und Freunden für die Kinder hergestellt wurden. Die Püppchen und Tiere, geschnitzt aus dem Holz einer Region, bemalt mit den wenigen Farben, die zur Verfügung standen. Die Bälle genäht, ausgestopft und bestickt in vielen Stunden, die niemand gezählt hat. Spielzeug selbst herzustellen ist immer auch eine besondere Form der Kommunikation zwischen Erwachsenen und Kindern. Kleine Zeichen, die signalisieren: Ich habe Zeit für dich, ich denke an dich, du bist mir wichtig. Zeichen, deren Wert mit den Maßstäben der Spielzeugindustrie nicht gemessen werden kann.

1 Das Material

- Was ist Filz?
- Hilfsmittel
- Wie ist Filz? – Filzeigenschaften
- Wollgeschichte und Wollgeschichten
- Schafrassen und Wollqualitäten
- Die «richtige» Filzwolle

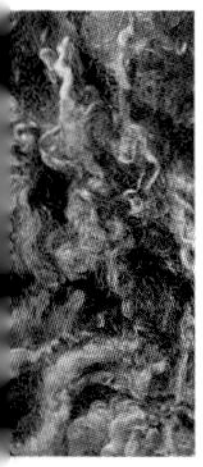

Was ist Filz?

Was Strickerinnen meiden wie der Teufel das Weihwasser, das begeistert Filzerinnen und Filzer. Schafwolle kann nicht nur versponnen und dann verstrickt, sondern auch verfilzt werden. So mancher gestrickte Pullover oder Socken passte seinem Träger nach einer Wäsche in der Waschmaschine nicht mehr. Das mit viel Mühe erstellte Stück ist eingegangen und hart wie ein Brett. Doch genau diesen Effekt der Wolle, sich zu verdichten und zu verwirken, machen sich die Filzer zu eigen. Wie die Erfahrungen mit der Waschmaschine zeigen, hat Wolle die einmalige Eigenschaft sich im Faserverbund zusammenzuziehen, zu schrumpfen. Wird unversponnene Wolle, also Wolle im Vlies, Kardenband oder Kammzug (siehe Seite 34) gezielt verarbeitet, so können durch das Verwirken der Wolle aus ursprünglich losen Fasern feste, nicht mehr zu lösende Flächen und Formen hergestellt werden.

Märchen, Mythen und Sagen darüber, wer das Filzen «erfunden» hat, gibt es viele. Eine erzählt von Noah und seiner Arche und den Schafen darauf (siehe Seite 39f). Auf dem die Menschheit nach biblischer Darstellung rettenden Schiff hat sich mit Feuchtigkeit, Wärme und Krafteinwirkung die Wolle der Schafe auf dem Boden zu einem festen Filzteppich verwirkt. Und das sind tatsächlich die drei Grundpfeiler eines jeden Filzprozesses: Feuchtigkeit, Wärme und Bewegung.

Filzen ist die Verbindung eines dynamischen Prozesses mit einem reinen Naturprodukt: der Wolle. Und was im Schafstall in Noahs Arche unvermittelt entstand, hat heute noch etwas Archaisches, etwas Rauhes, Natürliches, Wildes, etwas was uns an unsere Wurzeln erinnern mag und den Urmenschen in uns anspricht. In unserer technisierten Zeit, in der wir immer mehr von Künstlichem und Unnatürlichem umgeben sind, von kulturspezifisch Gestaltetem und Verfremdetem, mag der Boom des Filzes, die Sehnsucht nach einem ursprünglichen und reinen Material, verständlich werden.

Aber nicht nur das Material, auch der Prozess des Filzens begeistert immer mehr Menschen. So ist zum Filzen ausdauernde, wohl dosierte Kraft nötig – allein mit roher Gewalt kommt man nicht zum Ziel. Neben Kreativität, Farbempfinden und der Liebe zum Detail, wenn es um das Auslegen von Ornamenten und Mustern geht, bedarf die Wolle zunächst der zärtlichen Hinwendung, des behutsamen Streichelns, damit sich die losen Wollfasern verbinden. Und die Hände müssen spüren, wann die Wolle soweit ist, kräftiger bearbeitet zu werden.

Der Filzprozess kann mehr sein als ein bloßes Handwerk. Er fordert alle Sinne heraus, beansprucht uns – heute würde man sagen – ganzheitlich. Besonders deutlich wird die Ergriffenheit, die der Filzprozess bei den Tätigen auslöst, beim Arbeiten mit Kindern. Es versetzt viele Lehrer und Lehrerinnen in helles Erstaunen, wie ruhig eine Schulklasse beim Filzen sein kann. Kinder haben oft noch viel mehr als Erwachsene die Fähigkeit sich der Geschwindigkeit, die ein Arbeitsmaterial vorgibt, zu unterwerfen. Die Wolle erwartet Geduld – gut Filz will Weile haben. Dass keine Langeweile aufkommt, dafür sorgen die unterschiedlichen Stadien des Prozesses, denen sich der Filzer mit verschiedenen Sinnen und steigender Kraft widmen muss. Das Filzen wird deshalb auch immer mehr in der Sozial- und Therapiearbeit eingesetzt.

Zu Filz verwirkte Wollfasern
unter dem Mikroskop

Heißes Wasser

Doch Wolle verfilzt sich nicht von selbst, sonst hätten die Schafe anstatt eines dichten Wollpelzes einen Filzpanzer. Die Wolle muss in der Filzwerkstatt gezielt bearbeitet werden. Was beim Filzen genau passiert, lässt sich am besten unter dem Mikroskop erkennen.

Die losen Wollfasern schieben sich ineinander und «halten sich fest». Für die Wanderung der Fasern und das gegenseitige Verhaken sind die sogenannten Epidermisschuppen verantwortlich, die sich wie Fischschuppen um die Faser legen. Diese Schuppen können sich abspreizen und so die anderen Fasern «festhalten», sie verhaken sich gegenseitig. Unter Reibung und Bewegung von außen (in einer Filzrolle oder direkt durch unsere Hände) werden die Fasern in Richtung der Haarwurzeln geschoben und verwirken sich so ineinander, dass ein immer dichterer Verbund entsteht, der mit Hilfe der Epidermisschuppen fest zusammengehalten wird. Gleichzeitig kräuseln sich die Wollfasern auch noch ein. Durch das Kämmen ausgestreckt und geglättet, «erinnern» sie sich beim Filzen an ihre Kräuselung auf dem Schaffell. Das verstärkt das Faser-Chaos zusätzlich und macht den Filz schließlich zu einem nicht mehr aufzulösenden Stoff.

Um diese einmaligen Eigenschaften der Wolle für den Filzprozess zu nutzen, muss mit Hitze und Feuchtigkeit, also heißem Wasser, gearbeitet werden. Dadurch werden die Epidermisschuppen von den Fasern abgespreizt und die Wolle kräuselt sich.

Wolle stößt jedoch naturgemäß Wasser ab, damit die Schafe bei Regen nicht «bis auf die Haut» nass werden. In Dampfform kann das Wasser jedoch an die Fasern gelangen. In Filzfabriken oder der Hutindustrie wird deshalb mit Dampf gearbeitet. Nur wenige Handfilzerinnen werden aber auf diese Möglichkeit zurückgreifen können. Wir setzen deshalb möglichst heißes Wasser ein. Durch unsere Bewegung reiben die Wollfasern aneinander, es entsteht Wärme, das Wasser verdampft und gelangt so in die Fasern. Doch Vorsicht: Zu viel Wasser erschwert die Dampfbildung!

Das Wasser darf natürlich nur so heiß sein, dass wir mit dem Filzstück noch arbeiten können. Man sollte die Hitze gerade noch ertragen können (das sind etwa 60° C). Beim Arbeiten mit Kindern muss das Wasser deutlich kühler sein!

Das heiße Wasser kann mit einer Gießkanne mit feinem Sprinkler, einem Wäschesprenger oder einer Reisstrohbrosse (einer Art Handbesen) auf der Wollfläche verteilt werden.

Kraft und Bewegung

Damit die Fasern «wandern», ist Kraft und Bewegung erforderlich, je nach Größe des Filzstücks mitunter stundenlang. Diese ausdauernde harte Arbeit hat sicher jeden heutigen Filzer schon an den Rand seiner körperlichen Belastbarkeit gebracht. In einer Zeit, in der alles fertig gekauft werden kann, beginnt man sich beim stundenlangen Walken die Frage zu stellen: Wie zeitgemäß ist denn dieses Handwerk? Schnell gerät man in das Spannungsfeld zwischen dem reizvollen Alten, dem Archaischen einerseits und den Möglichkeiten, die die moderne Technik bietet, andererseits. Und so treibt das Streben nach Beschleunigung und Vereinfachung des Filzprozesses heute mitunter abstruse Blüten und es entstehen sonderbar anmutende Maschinengebilde, die dem Erfinder die Filzarbeit abnehmen sollen.

Schon die Nomaden in Asien haben sich darüber Gedanken gemacht, wie unter Zuhilfenahme fremder Arbeitskraft ein Filzteppich leichter hergestellt werden kann. Wohl schon vor Jahrhunderten kamen sie auf eine ihren materiellen Möglichkeiten entsprechende glänzende Idee. Sie lassen eine zu einer Rolle eingewickelte Filzfläche hinter einem Kamel oder Pferd stundenlang über die Steppe ziehen. Die Nomaden können es sich nicht leisten, große Werkzeuge oder Apparaturen zu transportieren – alles muss für die Reise ins nächste Quartier handlich verpackt und von Lasttieren befördert werden können.

Schon diese Darstellung zeigt, dass es nicht nur die Kraft ist, die die Wollfasern im Filzstück kriechen lässt, sondern vor allem die langanhaltende Bewegung und Reibung. Wird ein Ball aus Wolle nur kräftig zusammengedrückt, entsteht daraus noch lange kein Filzball, genausowenig wie wenn jemand mit großer Kraft auf eine eingerollte Filzfläche drückt und diese nur spärlich rollt. Durch die Bewegung und die Reibung werden zusammen mit dem Druck die Wollfasern «auf Wanderschaft geschickt». Dadurch verdichtet sich der Stoff und die Filzfläche oder der Ball schrumpft im Laufe des Prozesses.

Eine erste kleine Filzfläche entsteht:

1. Eine kleine Menge Wollfasern wird mit heißem Seifenwasser befeuchtet …
2. … und danach mit den Händen sanft gerieben
3. Wollfasern einer Zusatzfarbe können eingearbeitet werden

Seifen unterschiedlicher Konsistenz

Seife

Seife ist vor allem als Gleitmittel nötig, wenn mit den Händen direkt auf der Wolle gearbeitet wird. Daneben bewirkt sie aber auch, dass die Wollfasern besser quellen. Im pH-neutralen Bereich ist die Quellung der Wollfaser am geringsten und steigert sich, je basischer oder saurer das Wasser ist. Gleichzeitig werden die Epidermisschuppen abgespreizt. Um die Hände nicht übermäßig zu strapazieren, verwenden die meisten Filzer Seife. Traditionelle Hutmacher in Ungarn oder der Türkei arbeiten aber auch mit Säure. Seife ist also nicht in jedem Fall zum Filzen erforderlich. Werden Flächen gefilzt, kann sie spätestens beim Walken weggelassen werden. Beim Formfilzen sollte aber wegen des besseren Gleitens der Hände in keinem Fall auf sie verzichtet werden.

Kosmetische und parfümierte Seifen oder alkalische Allzweckreiniger eignen sich in der Regel nicht zum Filzen. Die Seife sollte möglichst «naturbelassen» sein. So können Schmierseife (in Eimern), Kernseife (in Blöcken), Seifenflocken oder Flüssigseife verwendet werden. Für Allergiker ist Olivenseife am besten verträglich. Diese Seifen sind allesamt biologisch abbaubar.

Aus losen Wollfasern sind kleine, festverbundene Filzflächen entstanden

Pro Liter werden ein Esslöffel Schmier-, Flüssigseife oder Seifenflocken dem heißen Wasser zugegeben. Die Kernseife kann entweder zu Flocken verrieben werden, oder man arbeitet mit eingeseiften Händen auf dem Filz. Haben sich die Wollfasern schon verbunden, kann der Seifenblock auch direkt auf dem Filz gerieben werden.

Aus dem fertigen Filzobjekt muss die Seife nach getaner Arbeit wieder ausgewaschen werden. Ansonsten können auf dem Filz nach dem Trocknen braune Ränder entstehen und das Objekt wird durch einen etwas herben Geruch unangenehm auffallen. Ein Schuss Essigsäure (Essigessenz) im letzten Spülwasser ist hier hilfreich und neutralisiert die restliche Seife.

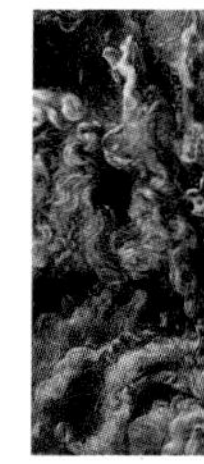

Hilfsmittel

Entsprechend seiner Jahrtausende alten Tradition ist das Filzhandwerk nur auf wenige, sehr einfache Hilfsmittel angewiesen. Auch in den heutigen Filzwerkstätten und -designerateliers wird mit den traditionellen Techniken gearbeitet. Und so kommt auch der heutige Filzer, die heutige Filzerin in der heimischen Küche, im Keller oder im Freien mit wenigen Werkzeugen aus. Dennoch gibt es einige Hilfsmittel, die die Arbeit erleichtern können.

Neben dem heißen Seifenwasser, der Lauge, ist Reibung und Druck für das Zustandekommen eines Filzes wichtig. Für Flächen benötigt man geeignete Unterlagen zum Auslegen und Matten zum Einrollen. Bei kleineren Flächen werden gerne Autofußmatten aus Gummi als Unterlage verwendet. Auf ihnen kann die Wolle ausgelegt werden. Die geriffelte Struktur hält überschüssiges Wasser in den Vertiefungen zurück, der werdende Filz wird durch den Gummi fixiert und verrutscht nicht so leicht wie auf einer glatten Plastikfolie. Zudem unterstützt die unregelmäßige Oberfläche die Reibung. Alle ähnlich gearteten Unterlagen erfüllen natürlich den gleichen Zweck. Die Riffelablage der Küchenspüle kann genauso als Unterlage dienen wie – man höre und staune – ein Backblech, das eine Filzerin für sich als optimale Filzunterlage entdeckt hat. Warum nicht? Strenge Handwerksmeister, die stur auf traditionellen Methoden beharren, gibt es in Europa nicht mehr.

Wer auf dem Küchentisch filzt und keinen wasserunempfindlichen Boden hat, sollte sich mit Handtüchern und Plastikfolien einen Rand um seine Arbeitsfläche bauen. Dabei ist zu beachten, dass das Wasser an einer Stelle abfließen muss. Im günstigsten Fall sollte sich ein solches «Becken» jedoch erübrigen, weil mit so wenig Wasser gearbeitet werden soll, dass es erst gar nicht zur Überschwemmung kommt. Am praktischsten ist es natürlich, wenn eine Waschküche (eventuell mit einem Waschtisch), ein gefliester Wintergarten oder – an warmen, schönen, windstillen Tagen – ein Platz im Freien vorhanden ist.

Wenn bei der Bearbeitung der zunächst losen Wolle die erste Verbindung der Fasern geschehen und somit der «Filzprozess» abgeschlossen ist, werden beim weiteren Arbeiten – dem sogenannten «Walken» – Werkzeuge und Hilfsmittel wichtig, die den Druck und die Reibung auf die Filzflächen verstärken helfen. Nach dem Filzen (also wenn die Fasern lose verbunden sind) wird die Fläche eingerollt und gewalkt. Bei kleineren Flächen kann dafür ein Frotteehandtuch herhalten. Ebenso kann eine Bastmatte (eine mit Baumwollstoff umsteppte Badematte) verwendet werden. Diese ist aber nicht lange haltbar und wird rasch brüchig.

Für eine größere Filzfläche eignet sich ein Bambusrollo, wie er als Fensterrollo in Einrichtungshäusern zu erwerben ist. Genauso gut geht auch ein Leintuch. Bei größeren Flächen muss ein fester Kern mit eingerollt werden: eine Eisenstange, ein Holzpfahl oder ähnliches (je dicker die ausgelegte Wolle, desto dicker der Kern). Dabei ist darauf zu achten, dass die Stange/der Pfahl beim Einrollen auf die Kante der ausgelegten Wolle platziert wird. Wird der Rundling vor die Wolle gelegt, verschiebt sich diese beim Einrollen. Im Verlauf des Walkens kann der feste durch einen flexiblen Kern (ein eingerollter Bambusrollo, ein Leintuch oder ein Filz) ersetzt werden.

Wie ist Filz? – Filzeigenschaften

«(Filz ist)... durch seine homogene Stofflichkeit wärmespeichernd, isolierend, bewahrend und beschützend.»

Joseph Beuys

Der «Politiker-» oder «Finanzfilz» ist als Ausdruck für ein unergründliches, undurchschaubares, kaum entwirrbares Dickicht an dubiosen Beziehungen und Verflechtungen weitläufig bekannt. Aber nicht nur im übertragenen Sinn hat fast jeder täglich mit Filz zu tun. Nach wie vor sind viele Hüte aus Filz gemacht und der Filzpantoffel ist in den Schuhgeschäften wieder häufiger anzutreffen. Doch selbst wenn die alten Griechen und Römer schon Filzhüte trugen, so ist der Filz sicher noch lange kein alter Hut, sondern findet heute nach wie vor vielfältige Anwendung. In der Regel steckt der Filz heutzutage aber im Detail und ist für das Auge – auf den ersten Blick – unsichtbar.

Feuchtigkeit speichern und wieder abgeben: Filzstifte

Filz kann Feuchtigkeit aufnehmen, speichern und wieder abgeben

Beim Filzstift leitet sich die Verwendung des Filzes schon aus dem Namen ab. In dem Stift zeigt die zum Filz verarbeitete Wolle schon eine wichtige Eigenschaft: Sie kann Feuchtigkeit aufnehmen und speichern, bis zu 33 Prozent ihres Eigengewichts. Und selbst dann fühlt sie sich nicht nass an. Eine Eigenschaft, die natürlich auch dem Wollpullover-Träger sehr entgegen kommt. Filz kann die Feuchtigkeit aber unter Druck auch wieder abgeben, eben wie beim Schreiben mit dem Filzstift. Die Wolle – und somit auch der Filz – nimmt aber nur verdampfte Feuchtigkeit auf. Im Filzstift werden deshalb in der Regel künstliche Fasern als Speichermedium für die Farbe verwendet.

Filz ist wasserabweisend

Gleichzeitig ist Wolle und auch der Wollfilz wasserabweisend. Der Filzhut-Träger dankt es ihr, kann er sich doch einige Zeit im Regen bewegen, ohne am Kopfe nass zu werden. In Lodenmänteln trotzten früher die Schäfer dem Regen, in der Türkei gibt es noch heute den gefilzten Hirtenmantel, den sogenannten «kepenek», einen schweren, dichtgewalkten Filzmantel. Wegen ihrer Form sind diese Mäntel eher Behausung als Bekleidung, haben sich jedoch seit Jahrhunderten bewährt.

Filz ist wärmedämmend

Schließlich schützt der Mantel nicht nur gegen Regen, sondern er hält auch warm. Das machen sich nicht nur Hirten zunutze, sondern etwa auch Kaffeekannenhersteller, die die Kannenüberzüge mit Filz auskleiden, um den Kaffee heiß zu halten. Diese Isolierfähigkeit gegen Wärme und Kälte wird durch die natürliche Kräuselung der Wollfasern ermöglicht. Dadurch wird im Filz sehr viel Luft eingeschlossen, die bekanntlich gut isoliert. Die gute Wärmedämmung nutzen auch die Nomadenvölker Zentralasiens, indem sie sich in Filzzelten, den sogenannten *Jurten*, vor der sengenden Hitze der Sommersonne ebenso

wie vor den bis zu minus 40 °C reichenden Wintertemperaturen schützen. Auf diese Eigenschaft des Filzes «stehen» auch die Menschen in den eisigen Gebieten Finnlands und Russlands – im wahrsten Sinn des Wortes. *Walenki* werden dort die Filzstiefel genannt, die als Über- und Schneeschuhe dienen. Bis zu drei Stunden soll man mit ihnen unbeweglich in dem kalten festen Schnee stehen können – mit einigermaßen warmen Füßen.

Filz ist schalldämmend
Ein Staubsauger ohne Filz wäre wohl eine wahre Höllenmaschine, was den Lärm betrifft – ebenso das Auto. So wird der Motorraum durch Filz nach außen und ins Wageninnere schallgedämmt. Filzbahnen werden als Trittdämmung unter Holzfußböden gelegt und Quietsch- und Knarrgeräusche – etwa wenn Kunststoff oder Blech aufeinander zu liegen kommen – werden durch einen Dämmfilz als Zwischeneinlage verhindert. In der Gastwirtschaft werden Tischnachbarn vor Lärm durch zu lautes Aufsetzen des Bierkruges auf den Tisch durch den Bierfilz oder Filzdeckel bewahrt. Heute ist der Glasuntersetzer zwar ein Wegwerfartikel aus Pappe – früher, als es noch massige Bierhumpen gab, war das runde kleine Tischset aber tatsächlich aus Wolle gewalkt.

Filz filtert
Im Auto kommen Filzteile recht häufig vor. So wird etwa Kraftstoff in Dieselmotoren mit Filzfiltern gereinigt. Filzmanschetten verhindern das Eindringen von Schmutz und Staub in Kugellager und ein Filz reinigt die von außen einströmende Luft im Frischluftfilter. Und auch in Dunstabzugshauben über dem heimischen Herd behält ein Filzfilter Fett zurück.

Filz ist schwer entflammbar
Selbst im Flugzeugbau kommt Filz häufig zum Einsatz. Zum einen lädt er sich wegen seiner gespeicherten Feuchtigkeit nicht elektrostatisch auf, andererseits ist er schwer entflammbar. Wolle entzündet sich erst bei 560 °C und nach Entfernen der Flammenquelle erlischt das Feuer wieder. Feuerpolizeilichen Anforderungen wird das Naturmaterial Wolle und der daraus gefertigte Wollfilz problemlos gerecht. Das ist sicherlich auch ein wichtiges Kriterium für die Verwendung von Filz in der Raumgestaltung und Innenarchitektur.

Filz ist formbeständig
Ein hart gewalkter Filz verliert seine Form nicht mehr – eine Eigenschaft, die vor allem bei der industriellen Nutzung von Filz eine wichtige Rolle spielt.

So werden für bestimmte Zwecke die Formen sogar aus sehr hart gewalkten Filzen gedrechselt. Auch ein gefilzter Hut bleibt, in Form getrocknet, seiner Linie selbst bei Regenwetter treu.

Filz und Spiel
Filz und Spiel sind seit langem und auch heute noch fest miteinander verbunden – oftmals an Stellen, wo man es gar nicht vermutet oder den Filz erst auf den zweiten Blick erkennt. So wird sich ein Casino-Besucher weniger für das Material des Bezugs des Roulette-Tisches interessieren, auch wenn er den ganzen Abend vergeblich davor sitzen mag. Und die Billiardkugel wäre wohl nicht annähernd so reibunslos ins nächste Loch zu versenken, würde sie vorher nicht über einen «Filzteppich» kullern. Selbst in der Königs-

Auch beim Billiard ist Filz im Spiel

Filz und der gute Ton:
Klavierhämmer
und Xylophonschlägel

disziplin, dem Schach, ist Filz im Spiel, damit König, Dame oder Bauer weich auf dem karierten Brett zum Stehen kommen und die Würfel würden in dem Würfelbecher sicher ein großes Getöse veranstalten, wäre dieser nicht mit Filz ausgekleidet.

Filz und der gute Ton

Und schließlich ist häufig Filz im Spiel, wenn es um den guten Ton geht. Bei Konzertflügeln und Klavieren werden die Saiten von filzgepolsterten Hämmerchen angeschlagen, um einen volleren Klang zu erreichen. In Mikrofonen, Lautsprechern und Kopfhörern verhindert Filz unkontrollierte Schwingungen und ein unliebsames Dröhnen. Und in jeder Musikkassette wird das Magnetband mit einem kleinen Filzwürfel leicht, aber bestimmt an den Tonkopf des Rekorders angedrückt und dabei gleichzeitig gereinigt.

Industrie-Filz

Bei dieser Vielzahl von Verwendungsmöglichkeiten wird der Filz natürlich nicht von Hand, sondern maschinell hergestellt. Die industrielle Filzfertigung kennt dabei zwei Methoden. Zum einen die Herstellung von Wollfilz, bei der im Prinzip mit Maschineneinsatz die gleichen Arbeitsschritte wie bei der handwerklichen Herstellung vollzogen werden müssen. Diese Arbeitstechnik mit Einsatz von Feuchtigkeit, Wärme und Bewegung bringt aber nur Schafwolle dazu sich zu verwirken. Diese kann zwar mit fremden Fasern (Baum- oder Zellwolle, Kunstfasern) vermischt werden, ohne ihre Filzfähigkeit zu verlieren. Der Anteil fremder Fasern darf aber eine gewisse Grenze nicht überschreiten (beim handwerklichen Filzen wird von 10 bis 30 % ausgegangen).

In der industriellen Nutzung, wo zum Teil hohe Temperatur- und Alterungsbeständigkeit, extreme Reiß- und Abriebfestigkeit oder Beständigkeit gegen Chemikalien gefordert wird, werden heute den jeweiligen Anforderungen entsprechende Kunstfasern eingesetzt. Nach dem traditionellen Verfahren mit Wärme, Feuchtigkeit und Bewegung lassen sich diese jedoch nicht verfilzen, egal wieviel Kraft jemand investieren mag. Um 1870 wurde eine Methode entwickelt, die noch heute den sogenannten Nadelfilz hervorbringt. Zehntausende von dicht nebeneinander liegenden Nadeln mit kleinen Widerhaken stechen bis zu Tausend Mal in einer Minute durch das Kunstfaservlies, ziehen einzelne Fasern durch das Vlies, und mit der Zeit entsteht ein in sich festes Flächengebilde. Zu Nadelfilzen lassen sich fast alle Fasern verarbeiten: Baumwolle, Jute, Polyamid, Polyester, Polyacryl, aber natürlich auch Schafwolle.

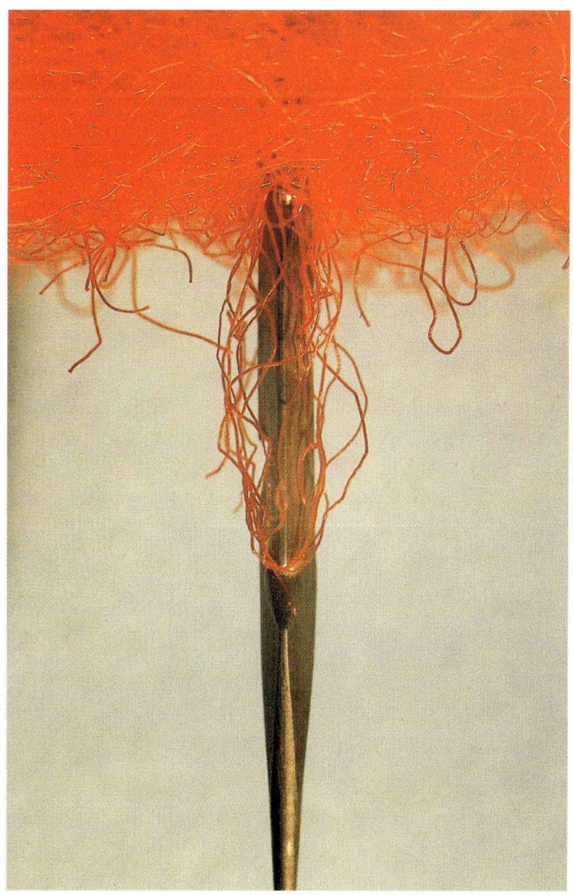

Nadel einer Nadelfilzmaschine

Wollgeschichte und Wollgeschichten

Eine nette Geschichte erzählt, dass Noah auf seiner Arche der ursprüngliche Entdecker der Filzeigenschaften der Wolle gewesen sein soll (siehe Seite 39). So sehr Noah auch ein Freund der Tiere und aller natürlichen Produkte gewesen sein mag, den Titel «Filzentdecker» darf er sich dennoch nicht auf die Fahnen schreiben. Streng historisch betrachtet hinkte Noah mit dieser Erkenntnis seiner Zeit nämlich weit hinterher – wäre diese Geschichte wahr. Tatsächlich dürften er und die Seinen im Bauch der Arche reichlich Filzbekleidung, -mäntel, -hüte und -decken mitgeführt haben. Ehe die Menschen lernten zu spinnen, zu weben oder zu sticken, beschäftigten sie sich schon lange mit der Wolle. Vor 8000 bis 10 000 Jahren, so schätzen Anthropologen, haben sie bereits erkannt, dass sich Wolle verfilzt (die biblische Schöpfungsgeschichte wird etwa auf das Jahr 4000 vor Christus datiert).

Vor rund 10 000 bis 14 000 Jahren hatten unsere Vorfahren mit Ackerbau und Viehhaltung begonnen und wussten unter anderem das Schaf für sich zu nutzen. Seit etwa 11 000 Jahren wird es vom Menschen als Haustier gehalten – es war damit eines der ersten Geschöpfe, das der Mensch in seiner unmittelbaren Umgebung duldete. Die Ursprünge der gezielten Schafzucht liegen vermutlich im zweiten vorchristlichen Jahrtausend in Syrien, Palästina und Anatolien. Dort, zwischen Euphrat und Tigris, stand die Wiege der modernen Zivilisation. Aus dem Zweistromland datieren auch die ältesten schriftlichen Quellen (auf Tontafeln) über «industriell» organisierte Webereien. Von den Babyloniern ist bekannt, dass vor über vier Jahrtausenden ihre Schafherden bis zu 27 000 Tiere umfassten. Sie waren geordnet nach Fleisch-, Fett- und reinen Wollschafen. Und die Babylonier unterschieden auch schon nach Schafen verschiedener Wollqualitäten, ähnlich wie wir es noch heute tun. Vorderasien gilt dabei auch als die Wiege der feinwolligen und deshalb für Filzer besonders interessanten Schafe.

Schafe sind genügsam. Sie freuen sich zwar wie Kühe über saftige Weiden, kommen aber auch lange Zeit mit kärglicher Nahrung aus. Neben Fleisch, Fett und Milch, die die Schafe den Menschen liefern, haben sie einen wuscheligen Pelz, die meisten wenigstens. Schaffelle wurden schon sehr frühzeitig als wärmende Unterlage geschätzt oder zu Kleidung verarbeitet. Dank seines Wollkleides kann das Schaf unter unterschiedlichsten klimatischen Bedingungen leben: In den Bergen der Alpen ebenso wie an der windigen Nordseeküste, auf heißen, dürren Weiden in Südeuropa und Afrika und – starken Temperaturunterschieden ausgesetzt – den Hochebenen der Mongolei.

Kommt der Sommer, so verlieren die Tiere ihren dicken Winterpelz, der ihnen im Herbst gewachsen ist – sie werfen ihre Wolle ab. In früher Zeit hatte man diese Phase abgewartet und die Wolle von den Schafen «abgepflückt». Die Germanen haben mit einer bis heute bedeutsamen Erfindung auch den Gebrauch der Wolle revolutioniert: In der Eisenzeit haben sie die Schere erfunden. Seitdem wurde die Wolle nicht mehr zur Zeit des Haarwechsels gerupft, sondern mehrmals im Jahr mit eben jener Schere geschoren. Damit konnte man weitaus feinere Wollen, Filze und Spinngut als bis dahin gewinnen.

Heute nötigt dem Laien die professionelle Schafschur einigen Respekt ab, zumindest was die Geschwindigkeit angeht. In höchstens zwei Minuten scheren australische Wanderarbeiter im Akkord bis zu 200 Schafe am Tag – am Fließband. Einzig beruhigend ist dabei, dass die Tiere mit den groben elektrischen Schermaschienen kaum Verletzungen der Haut davontragen. Der Schärer bringt die Schafe dabei in eine Art sitzende Haltung zwischen seine Beine. Von der Bauchseite her wird bei der Schur das Wollvlies dann in einem Stück abgetrennt.

In Deutschland war es um 800 n. Chr. Karl der Große, der alle Fronhöfe verpflichtet hatte, große Schafherden zu halten, und der mit der Errichtung von Spinnstuben die entscheidenden Impulse für die Entwicklung eines handwerklichen Wollgewerbes gab.

Doch auch andernorts war man nicht faul und widmete sich dem Schaf und dessen Wolle. Und dies sehr erfolgreich. Die ersten feinwollenen Zuchten stammen aus Kleinasien. Sie kamen über Vorderasien, Italien und Nordafrika nach Spanien. Um 700 begannen die in Spanien ansässigen Mauren ein besonders feinwolliges Schaf zu züchten und brachten es – was die Wollqualität angeht – zu einer Blüte, die nie mehr erreicht wurde. Sie kreuzten das zu ihnen gelangte Römerschaf mit dem spanischen Kupferschaf und heraus kam eine Schafrasse, die in der Folgezeit die gefragteste der Welt werden sollte: das Merinoschaf. Die Herden wurden über die weiten Gebiete von Estremadura getrieben, wo sie vermutlich den Namen «Merino» erhielten. Diese Wanderschaft braucht das Merinoschaf, um die feine Wolle zu produzieren. Entsprechend musste es sehr robust sein und war im Vergleich zu den englischen Rassen Lincoln und Leicester ein kleines Tier.

Über die Jahrhunderte hinweg wurde das Merinoschaf zum Politikum und zur begehrten Schmugglerware. Die Spanier machten mit der feinen Wolle so gute Geschäfte, dass es bei Androhung der Todesstrafe verboten war, Merinoschafe aus dem Land auszuführen. Die Besitzer von Merinoherden waren in Spanien privilegiert und durften ihre Herden überall hintreiben, wo gutes Futter zur Verfügung stand. Das führte schließlich dazu, dass wertvoller Kulturboden von den Bauern verlassen wurde – so beeinflusste das Merinoschaf die gesamte spanische Geschichte. Und auch wenn die Wolle in Spanien «wuchs», zu hochwertigen Luxusartikeln wurde sie in England verarbeitet. Die spanische Bevölkerung musste sich für den eigenen Bedarf mit gröberen Wollen zufriedengeben.
Doch Verbote reizen dazu sie zu übertreten, mag es auch noch so riskant sein. Ende des 18. Jahrhunderts (fast 1000 Jahre nach Beginn der Züchtung des Merinoschafs!) gelang es Schmugglern angeblich, einige Tiere nach England zu schaffen. Eine Erzählung besagt, dass der englische König 1778 – ein begnadeter

Zusammenhängendes geschorenes Wollvlies

Australische Merinoschafe

Farmer, wenn auch schlechter Herrscher – höchstselbst die illegale Ausfuhr veranlasst haben soll. Von England kamen einige Zuchttiere nach recht beschwerlicher Reise im Jahr 1805 in die englische – bis dahin schaflose – Strafkolonie Australien, dem heute weltgrößten Wollexportland.

Eine andere Quelle sagt, dass 1765 der spanische König seinem Cousin in Hannover eine kleine Herde Merinoschafe geschenkt haben soll. Von dieser Herde sollen alle sächsischen Merinos – berühmt wegen ihrer feinen weißen Wolle – abstammen. Einige aus der Züchtung sollen 1797 nach Australien gelangt und die Grundlage für die heutigen Zuchten dort gewesen sein.

Wie auch immer – mit der Besetzung der iberischen Halbinsel läutete Napoleon sowieso den Zusammenbruch der Vorherrschaft Spaniens in der Wollproduktion ein. Die berühmten Herden fanden sich bald in England und Frankreich wieder. Von dort aus setzten sie ihren wollenen Siegeszug über die ganz Welt an.

Die ersten Züchter der bis dahin in Australien unbekannten Schafe sollen mit allerlei Misslichkeiten – von Trockenheit über Buschbrände bis zu rabiaten Ureinwohnern – gekämpft haben. Spätestens als in zweiter oder dritter Generation die Söhne der ersten Schafzüchter im englischen Oxford oder Cambridge studierten, waren die australischen Merino-Züchter – wenn auch als neureich – anerkannt.

Heute ist Australien der größte Exporteur von Schafwolle. Auf dem fünften Kontinent weiden rund 150 Millionen Schafe – in Neuseeland sind es knapp 75 Millionen Exemplare, in Südafrika 30 Millionen, in Argentinien etwa 31 Millionen und in Uruguay rund 20 Millionen Tiere. In den USA, Russland, Europa, Indien und Pakistan gibt es noch einmal rund 750 Millionen Schafe, wobei Russland eine dominante Rolle spielt und als zweitgrößter Wollproduzent gilt. Diese Länder produzieren aber vor allem für den Eigenbedarf.

Bei einem Sechstel des Weltbestandes an Schafen wird in Australien rund ein Drittel der Weltproduktion an Rohwolle erzielt. 95 Prozent der Wolle wird exportiert. In Australien gibt es rund 80 000 Schaf-Farmer mit Beständen zwischen 100 und 100 000 Tieren. Auch wenn Neuseeland zweitgrößter Wollexporteur ist, hält sich die Konkurrenz zu den australischen Wollproduzenten in Grenzen. Während die Australier vornehmlich mit ihren Merinoschafen feine Wollen exportieren, leben in Neuseeland vor allem Crossbred-Schafe – das sind Kreuzzüchtungen mit wesentlich gröberen Wollen, die weniger für Kleidung als vielmehr für Heimtextilien oder auch industriell hergestellte Filze verwendet werden.

Angesichts dieser Zahlen mag es kaum vorstellbar erscheinen, dass es vor 120 Jahren in Deutschland noch mehr Schafe gab als in Australien. Damals weideten in Deutschland rund 30 Millionen Tiere, auf dem fünften Kontinent waren es etwa 20 Millionen. Bereits 1912 war der deutsche Schafbestand aber auf 5,8 Millionen Tiere zusammengeschrumpft.

Ursache dafür war vor allem das enorme Bevölkerungswachstum in Mitteleuropa, das zu einer intensiveren Landwirtschaft zwang. Aus dem Weideland der Schafe wurde Ackerland.

In den vergangenen 20 Jahren hat man in Deutschland das Schaf wiederentdeckt – vor allem des Fleisches und der Milch wegen, die vornehmlich zu Käse verarbeitet wird. So ist der Schafbestand in diesem Zeitraum um 50 Prozent auf heute rund 1,4 Millionen Tiere gewachsen.

Als Wolllieferant spielt das Schaf bei uns nurmehr eine untergeordnete Rolle. Die billigen Importe der Massenhaltung in Australien oder Neuseeland drückten die Preise in den Keller. Mitte der 80er-Jahre fiel der Preis für ein Kilo Wolle auf unter eine Mark. Nachdem das kaum die Kosten für Schur, Verarbeitung und Transport deckte, wurde das ehemals so begehrte Haarkleid für viele Schafhalter eher zur Last. Die sehr aufwendige Wollpflege am Schaf wird deshalb nur noch selten betrieben. So sollten gemäß der Lehren der Schafzuchtverbände die Tiere etwa im Herbst gegen Parasiten gebadet werden und es ist eine besonders sorgfältige Stallhaltung im Winter nötig.

In Deutschland werden im Jahr rund 5 000 Tonnen Rohwolle gewonnen – in Australien sind es etwa 800 000 Tonnen. Die weltweit über eine Milliarde Schafe liefern jährlich rund drei Millionen Tonnen Wolle. Dabei wurde durch intensive Zucht das Vliesgewicht eines Merinoschafs auf bis zu fünf Kilogramm gesteigert – im Jahr 1820 betrug es nur etwa ein halbes Kilogramm.

Wird das Schaf fachmännisch geschoren – in der Regel im Frühjahr und eventuell ein zweites Mal im Herbst –, so liegt ein weitgehend lose zusammenhängendes Wollvlies vor einem, fast wie ein Fell. Nun beginnt die eigentliche – menschliche – Arbeit der Wollproduktion: Die verschiedenen Wollqualitäten des Vlieses müssen sortiert werden. Dabei sind die Partien an der Bauchseite, an den Hinterläufen und am Schwanz wegen besonders starker Verunreinigungen minderwertig. Die besten Wollqualitäten stammen von den Schulterblättern, gute Qualitäten von den Seiten- und Halsteilen. Qualitätsmerkmale sind Feinheit, Länge, Farbe, Kräuselung, Regelmäßigkeit und Glanz der Wollfasern.

Persianer-Fell:
Die gefragte Lockenpracht
von Karakul-Lämmern

Schafrassen und Wollqualitäten

Natürliche Schönheit kommt von innen – auch beim Schaf. Die Ernährung spielt für die Qualität der Wolle ebenso eine Rolle wie das Klima und bestimmt deren weiteren Verwendungszweck. Die Spurenelemente des Bodens sind für das Äußere des Schafes genauso wichtig wie eine vollwertige Ernährung für einen makellosen Teint des Menschen. Karge Böden können kaum einen dichten, kräftigen Pelz ergeben. Bei rauhem Klima wächst eine gröbere Wolle als bei mildem Klima – in feuchten Regionen ist die Wolle gröber, länger und schwächer gekräuselt, und mit besserer Ernährung wird die Wolle gröber. Deshalb wurden Stalltiere früher sehr knapp gefüttert, um möglichst feine Wollen zu erzielen. Diese «Hungerwollen» gibt es heute nicht mehr. Einerseits ist die Wolle des Merinoschafs fein genug, andererseits spielt die Woll- gegenüber der Fleischerzeugung, bei der die Tiere möglichst üppig gefüttert werden, eine untergeordnete Rolle.

Merinoschafe werden vor allem in trockenen Klimazonen gehalten. Sie sind weniger Kälte und Nässe ausgesetzt und liefern sehr feine, sehr gut zu verfilzende Wollen. In feuchten Regionen gedeihen Schafe, die gröbere und längere Wollen produzieren.

Asien, Türkei

Die im südlichen Asien, in Syrien und der Türkei beheimateten, starken Temperaturunterschieden (kalte Winter, heiße Sommer, kühle Nächte) ausgesetzten Mischwollschafe, wie Kurzschwanz-, Fettschwanz-, Fettsteiß-, Breitschwanz-, Lang- oder Dünnschwanzschafe, haben oft Grannen und Stichelhaare, die sich nicht kräuseln. Deren Wollen werden fast ausschließlich zu Teppichen verarbeitet – egal ob verwoben oder verfilzt. Durch Bewegung (etwa bei Kleidung oder Schuhen) arbeiten sich die Grannenhaare aus dem Filzstück wieder heraus, der Filz wird leicht brüchig und bekommt Löcher.

Es muss generell unterschieden werden zwischen Schafen, die einmal, und solchen, die zweimal im Jahr geschoren werden. Die Schuren der Winterwolle von Ende April und der Sommerwolle von Mitte bis Ende August haben durch die unterschiedlichen klimatischen Wachstumsperioden und die zeitliche Distanz zwischen den Schuren unterschiedliche Eigenschaften. Die Sommerwolle ist entsprechend kürzer und feiner und eignet sich damit besser zur Filzherstellung. Die langfasrige Winterwolle wird dagegen

versponnen und zum Stricken, Weben und Knüpfen von Teppichen verwendet.

Die mit Abstand bevorzugteste Wolle zur Filzherstellung (und nicht nur in der Türkei und Vorderasien) stammt von der ersten Schur des etwa sechs Monate alten Lammes. Durch die enorme Feinheit und die unterschiedlichen Längen der bis dahin noch nicht geschnittenen Fasern, filzt die Lammwolle fast schon vom Ansehen.

Verwandt mit den Fettschwanzschafen ist das Karakulschaf, das vor allem in Usbekistan, Kasachstan und Teilen der Mongolei vorkommt. Seine natürliche Färbung von weiß über silbergrau, schokoladenbraun bis schwarz verleiht den traditionellen Filzteppichen in dieser Region ihren irdenen, archaischen Charakter. Die Wolle wird aber auch zum Knüpfen von Berberteppichen gerne verwendet. Die Lämmer der Karakulschafe haben bis zum zehnten Tag nach der Geburt vollkommen schwarz gefärbte, dichte Locken. Bei uns sieht man diese Lammfelle als zu Persianerpelzen verarbeitete Jacken oder Mäntel.

Aber auch deutsche Schafrassen sind in der Türkei und Vorderasien mittlerweile eingekreuzt worden und haben auf dem «genetischen Fingerabdruck» vor allem der Fettschwanzschafe Spuren hinterlassen und damit die Qualität der Wolle und die Milchleistung beeinflusst.

Deutschland

Als Exportschlager deutscher Schafzüchter hat sich das um 1800 gezüchtete Merino-Landschaf entwickelt. Es ist durch Kreuzungen entstanden. Schließlich wollte man sich auch hierzulande die Vorzüge des Merinoschafs zunutze machen. Seit dem 15. Jahrhundert hat sich vor allem in Süddeutschland die Wanderschäferei entwickelt. Die Schafe waren das ganze Jahr auf der Weide und wurden von der Sommer- zur Winterweide oft über mehrere Hundert Kilometer getrieben. Es bedurfte also eines stämmigeren und marschtüchtigeren Schafs, als es das ursprünglich spanische Merinoschaf war. So wurde das Merinoschaf mit den in Deutschland heimischen Landrassen gekreuzt. Heraus kam das Merino-Landschaf. Es ist ein mittelgroßes Schaf mit keilförmigem, langem Kopf und breiten, leicht hängenden Ohren. Das Merino-Landschaf ist sehr widerstandsfähig und sowohl für die Weide wie für die Koppel geeignet. Und – als wichtigstes Kriterium für die Wanderschäferei – es ist sehr marschtüchtig. Daneben ist es äußerst fruchtbar, klimabeständig und hat eine hohe Milchleistung. Kein Wunder, dass sich Schafzüchter in anderen Teilen der Welt für dieses Universalschaf mit seiner schönen, feinen Wolle und hohem Milchertrag interessiert haben. In der Türkei wurde es mit dem Fettschwanzschaf gekreuzt, aber auch in Spanien, Portugal, Italien, Südafrika und Ungarn haben es die Züchter mit ihren Schafen zusammengebracht oder gar in Reinzucht erhalten. Rund 42 Prozent der deutschen Schafe sind heute Merino-Landschafe, gefolgt von schwarzköpfigen Fleischschafen (24 Prozent) und Texelschafen (10 Prozent).

Merino-Landschafe auf der Weide

Bergschafe im Schnee

Das schwarzköpfige Fleischschaf geht auf die Einfuhr englischer Schwarzkopfrassen (Oxford- und Hampshire-Rassen) im 19. Jahrhundert zurück. Die Kombination der Vorzüge von englischen Rassen (vor allem was die schöne, grobe für Pullover und ähnlichem geeignete Wolle angeht) mit der Widerstandsfähigkeit deutscher Landschafrassen hat einen Schaftyp hervorgebracht, der sehr robust ist, mit einer – gegenüber den englischen Rassen – feineren, dicht gestapelten und reichlich gedeihenden Crossbred-Wolle. Sie wird vor allem für eher rustikale Handstrickgarne und Heimtextilien verwendet. Wegen ihrer großen Elastizität wird sie auch gerne für Füllungen benutzt. Ihre Faserlänge von bis zu 75 Millimeter kommt auch Handspinnerinnen entgegen.

Schweiz

In der Schweiz ist das Weiße Alpenschaf mit einem Anteil von rund 70 Prozent am weitesten verbreitet. Zum Teil ist es eine Kreuzung heimischer Rassen mit dem Merinoschaf. Aber auch das Ile-de-France-Schaf wurde an die einheimischen Tiere herangeführt. So entstanden zunächst zwei Rassen, das Weiße Gebirgs- und das Weiße Edelschaf, die sich jedoch durch Vermischung immer mehr annäherten. Dies führte schließlich zum Weißen Alpenschaf, das heute rund 55 000 Tiere umfasst.

Interessant für Filzerinnen und Filzer: In der Schweiz werden die Schafe heute noch sehr häufig zweimal im Jahr geschoren. Die – im Vergleich zur Winterwolle – kürzere und doch recht feine Sommerwolle kann gut zum Filzen verwendet werden.

Österreich

In Österreich, wo etwas über 100 000 Tiere weiden, ist das Bergschaf am weitesten verbreitet. Obwohl die deutschen Bergschafrassen für Filzer uninteressant sind, wurde das österreichische Bergschaf auf eine etwas feinere Wollqualität getrimmt, mit dem Hintergrund, dass sich die Wolle leichter verkaufen lässt. Eine «Österreichische Spezialität» in filztechnischer Hinsicht ist der sogenannte Loden. Dabei wird zwar kein traditioneller Filz aus losen Wollfasern hergestellt, die Dichte des Lodenstoffs wird aber durch den beim Filzen wichtigen Walkprozess bewirkt. Ein verwebter Wollstoff wird mit kaltem Wasser in wassergetriebenen Hammerwalken gewalkt und verdichtet. Heute ist der Lodenmacher auch in Österreich ausgestorben, den Loden – allerdings industriell hergestellt – gibt es immer noch. Ähnlich werden auch in Griechenland am Fuße des Olymp grobe, dichte, aus verwebten Stoffen geschneiderte Mäntel und Jacken hergestellt. Die sogenannte Walkware wird in den kalten, rauschenden Gebirgsbächen verwalkt.

Skandinavien
Für Filzer und Filzerinnen sehr interessante Schafrassen gibt es auch in Skandinavien. So lassen sich mit der Gotlandwolle für bestimmte Produkte sehr schöne Ergebnisse erzielen. Diese Rasse wurde in den 30er-Jahren aus dem altertümlichsten schwedischen Schaf, dem «Guteschaf», und dem «gotländischen Wanderschaf» gezüchtet. Der lockige Pelz kann die gesamte Grauskala bis fast zu Schwarz umfassen.

(Nähere Angaben über die Filzeigenschaften der verschiedenen Wollen siehe «Die richtige Filzwolle», Seite 32)

Wieviel Schafrassen weltweit existieren weiß niemand so genau. Durch Kreuzungen und Züchtungen geht ihre Zahl in die Zehntausend. Für Filzer und Filzerinnen interessant ist jedoch die Einteilung der Wolle nach ihrer Feinheit, nach dem Faserdurchmesser. Dieser wird in Mikron (μ) gemessen. Wenn Ihnen – auch in Preislisten von Wollanbietern – einmal die Abkürzung μ begegnen sollte, schrecken Sie nicht zurück. Ein Mikron ist die unter Schafexperten übliche Bezeichnung für ein tausendstel Millimeter des Faserdurchmessers der Wolle.

Über diese mögliche physikalische Korrektheit kann nicht hinwegtäuschen, dass sich der Filzer mit einem bloßen Griff in das Wollflies Klarheit über dessen Filzeigenschaften verschaffen sollte. Für die subjektive Einschätzung des «Griffs» und damit der Filzeigenschaften der Wolle ist jedoch einige Erfahrung nötig.

Es werden im Groben drei Wollsorten unterschieden:
1. *Feine Wolle:* vor allem Merinorassen (Merinoschaf, Merino-Landschaf) und Gotlandschaf mit Faserdurchmessern bis zu 25 μ.
2. *Mittelfeine Wolle:* «Crossbred-Wolle» von Schafen aus Kreuzzuchten, Fleischschafrassen (schwarz- und weißköpfiges Fleischschaf), Texelschaf, Coburger Fuchsschaf, Eiderschaf mit Faserdurchmessern von 25 bis 30 μ.
3. *Grobe Wolle:* Landschafrassen (Milchschaf, Bergschaf), Heidschnucken mit Faserdurchmessern von mehr als 30 μ.

Je nach Region können dabei die Faserdurchmesser aber auch noch variieren.

Gotlandwolle

Außerdem kann die Wolle nach ihrer Art der Gewinnung unterschieden werden. Der mit Abstand größte Teil der Wolle wird durch die Schur der lebenden Schafe gewonnen, die sogenannte Schur- oder Schweißwolle.

Etwa zehn Prozent des Wollaufkommens wird von den Häuten geschlachteter Tiere mit chemischen oder biologischen Verfahren gewonnen. Beim biologischen Verfahren werden die Haarwurzeln durch Enzyme, die von Bakterien gebildet werden, angegriffen, so dass die Wolle abgezogen werden kann. Die so gewonnene «Schwitzwolle» taucht mitunter auch unter dem Begriff «Mazamet-Wolle» auf, entsprechend der südfranzösischen Stadt, in der dieses Verfahren in größerem Umfang praktiziert wird. Die Schwitzwolle wird durch dieses Gewinnungsverfahren nicht geschädigt und kann der Qualität der Schurwolle gleichgesetzt werden.

Im sogenannten Schwödeverfahren wird die Wolle durch bis zu 24-stündige Einwirkung einer Mischung von Kalk und Sulfiden auf der Fleischseite der Felle entfernt. Die vor allem aus Neuseeland stammenden Schwödewollen sind unter der Bezeichnung «Slipes» im Handel erhältlich. Erheblich geschädigt werden bei ihrer Gewinnung die Kalk- oder Gerberwollen, die durch einen längeren direkten Kontakt mit Alkalien gewonnen werden.

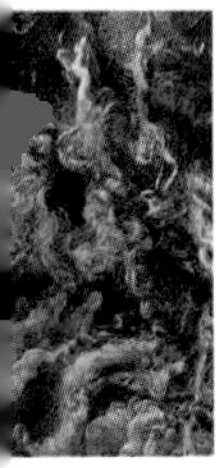

Die «richtige» Filzwolle

Voraussetzung für einen richtig schönen Filz ist die Wahl des richtigen Rohstoffes. Doch welche ist die «richtige» Wolle zum Filzen? Eine Frage, die nicht eindeutig beantwortet werden kann. Natürlich scheiden für das Filzen Wollsorten aus, die nicht oder nur unter großen Mühen zu verfilzen sind. So sollte man gleich die Finger von den Wollen von Fleischschafrassen oder Texelschafen lassen.

Eine Faustregel kann sein: Je kürzer, feiner und gekräuselter Wolle ist, desto besser lässt sie sich verfilzen. Wobei die Kürze der Fasern nicht unbedingt eine Rolle spielt. Die relativ langfasrige Merinowolle macht diesen vermeintlichen Nachteil durch ihre Feinheit und Kräuselung im Filzverhalten mehr als wett. Die Kräuselung zu beurteilen ist bei «filzfertig» gekauften Wollen kaum möglich, weil die Wollfasern durch das Krempeln und Kardieren langgestreckt werden. Im Filzprozess «erinnern» sich die Fasern an ihre ursprünglichen Locken und kräuseln sich ein, was das Wandern und Verwinden der Fasern im Faserverbund sehr begünstigt.

Bei der Wahl der Wolle kommt es auch immer darauf an, wozu sie verarbeitet werden soll. So ist ein Filzteppich anderen Belastungen und Anforderungen ausgesetzt als ein Filzschuh oder eine Jacke. Entsprechend kann oder muss unterschiedliche Wolle verwendet werden.

Dabei ist es hilfreich auf die «traditionellen» Filzregionen zu blicken und die dortigen Wollen zu betrachten. Flächen (etwa für Jurten) und Teppiche werden vornehmlich von den asiatischen Völkern hergestellt. Dass sich in diesen Regionen weniger Filzschuhe oder Jacken finden, liegt auch in der Wollqualität der dortigen Schafe begründet. Kalte Winter, heiße Sommer und kühle Nächte prägen das Haarkleid der Mischwollschafe. Es weist oft lange Stichel- und Grannenhaare auf, die sich bei stark durch Bewegung belastetem Filz (wie Schuhen oder den Ellenbogen von Jacken) wieder herausarbeiten. Diese Filzobjekte werden dann an den strapazierten Stellen leicht brüchig und bekommen Löcher. (Gleiches gilt für die nur schwer filzbare Wolle von Fleischschafen.) Für Teppiche oder die großen, zeltartigen türkischen Hirtenmäntel ist diese Wolle jedoch schier unübertroffen. Sehr hart gewalkt halten die Flächen auch einem starken Abrieb durch «Begehen» problemlos stand. Feinere Wollen würden hier leichter Fusseln (wie man es auch von länger getragenen Wollpullovern kennt).

Gefilzte Schuhe und Handschuhe haben in Skandinavien eine lange, zum Teil auch heute noch bestehende Tradition. Die Wolle etwa des schwedischen Gotlandschafes filzt sehr gut und eignet sich für gröbere Bekleidung wie Hüte, Schuhe, Taschen oder Etuis recht gut. Sie hat sehr weiche, feine und kurze Faseranteile – die sogenannte Unterwolle –, die das Tier vor der nordischen Kälte schützen. Andererseits hat sie längere, kaum gekräuselte, grobe Deckhaare, die Regenwasser auf dem Pelz besser abfließen lassen. Die langen Fasern bewirken zwar, dass der Filz sehr schnell zusammenhält, sie «wandern» unter Belastung aus dem fertigen Filz aber wieder heraus. Deshalb darf der Anteil der Deckhaare nicht zu groß sein und die Unterwolle, die die gröberen Deckhaare «festhält», muss kurz und sehr fein sein. Für lange Beständigkeit muss die Gotlandwolle sehr hart gewalkt werden.

Zum Teil schöne, in der Regel aber recht grobe Filzwollen liefern englische Schafrassen. Rasch filzen Lincoln- oder auch Leicester-Wolle. Mit Corriedale oder Romney tut man sich recht schwer, von Dorset ist abzuraten. Häufig sind diese Schafrassen eingekreuzt und tragen den Beinamen «Crossbred», wobei diese Wollen wieder andere Filzeigenschaften aufweisen. Gerade bei den englischen Wollen empfiehlt es sich diese zu mischen. So können etwa Lincoln-, Corriedale- und Dorset-Wollen zusammenkardiert werden und ergeben so eine sehr schöne, schnell filzende Wollmischung.

Eine Wollsorte, die rasch filzt, ist die sehr feine Wolle des Merinoschaf oder die etwas gröbere des deutschen Merino-Landschafes. Sie ist leicht zu verarbeiten und wird sehr vielen Ansprüchen gerecht. Damit lassen

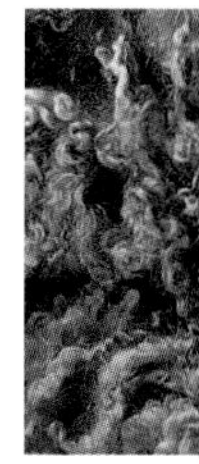

sich feine, beständige Flächen ebenso herstellen wie strapazierfähige Schuhe. Für Formfilze, Bälle und anderes Spielzeug ist die Merinowolle ideal. Anfänger haben mit dieser Qualität kaum Probleme (und wenn, dann liegen sie nicht in der Filzfähigkeit der Wolle begründet) und auch für das Arbeiten mit Kindern empfiehlt sich die Merino- oder Merino-Landschaf-Wolle.

Ein nicht zu unterschätzender Vorteil ist, dass Merinoschafe – und bei uns die Merino-Landschafe – weit verbreitet sind und die Wolle bei allen Wollhändlern erhältlich ist – im Gegensatz zu asiatischen Qualitäten oder etwa Gotlandwolle. Viele hiesige Pflanzenfärbereien haben eine breite Palette von gefärbter Wolle des Merino-Landschafes. Allein schon aus ökologischen Gesichtspunkten ist es sinnvoll Wolle von Schafen aus der Region zu beziehen, anstatt Qualitäten zu kaufen, die erst um die halbe Welt transportiert werden müssen. Und auch wenn die weitgereiste Wolle in der Regel etwas günstiger ist, erscheint es doch nur recht und billig, die wenigen einheimischen Wollproduzenten und die hiesigen Wollverarbeitungsbetriebe zu unterstützen. Außerdem können die meisten Wollanbieter (siehe Bezugsquellen Seite 142) fachkundige Auskunft zu geeigneter Filzwolle geben, nachdem in den vergangenen Jahren die Nachfrage von Filzerinnen und Filzern stetig gestiegen ist.

Die Wolle des australischen Merinoschafs sticht die des deutschen Merino-Landschafes jedoch dann aus, wenn äußerst feine, weiche, fließende Filze entstehen sollen. Im Handel wird die Wolle des Merino-Landschafes oft auch kurz als «deutsche Merinowolle» bezeichnet.

Wer es ganz ursprünglich liebt, kann Rohwolle, wie sie vom Schaf geschoren wird, bei einem Schäfer in seiner Nähe kaufen, selbst waschen, kämmen und färben. Diese äußerst arbeitsintensiven Prozeduren können dann sinnvoll sein, wenn jemand eine ganz bestimmte Wollqualität in einer ansonsten kaum erhältlichen Farbschattierung für seinen Filz haben möchte.

In der Regel wird jedoch auf fertig gewaschene, gekämmte und – eventuell – gefärbte Wolle zurückgegriffen. Je nach weiterem Verwendungszweck gibt es «filzfertige» Wolle in drei gängigen Kämmarten:

Vlies

Auch große Filzereibetriebe arbeiten mit Wolle im Vlies. Nach dem Waschen werden die wirren, teilweise von der Schur noch zusammenhängenden Wollflocken (auch Stapel genannt) in einer Krempel- oder Kardiermaschine in einzelne Fasern gelöst, gemischt, zusätzlich gereinigt und aufgelockert. Am Ende dieser monströsen Maschinen kommt ein gleichmäßiges, mehrere Lagen dickes Vlies (oder Krempelflor) heraus. Die Breite des Vlieses und die Anzahl der Lagen (und damit die Vliesdicke) variiert je nach Anbieter. Einige Kardierbetriebe fertigen mittlerweile für Handfilzer auch auf Wunsch spezielle Vliesdicken. Im Vlies sind die Wollfasern nur in etwa parallel angeordnet. Die Wolle ist zudem nicht ganz sauber gekämmt, so dass kleine Faserknötchen und mitunter auch noch Schmutz in dem Vlies eingeschlossen sind.

Kardenband

Für das Kardenband durchläuft die Wolle des Vlieses einen weiteren Arbeitsschritt. Eine dünne Lage des flächigen Vlieses wird durch eine Art überdimensionalen Trichter zu einem Band zusammengeführt. Qualitativ besteht zwischen der Wolle des Vlieses und des Kardenbands kaum ein Unterschied. Auch im Kardenband werden die kleinen Faserknötchen sichtbar, wenn der Strang etwas auseinandergezogen wird.

Kammzug

Dem Kardenband auf den ersten Blick äußerlich ähnlich ist der Kammzug, dessen Wolle aber viel langfasriger und feiner ist. Auch für den Kammzug wird das auf der Krempelmaschine entstehende Vlies zu einem dünnen Band zusammengefasst. Durch Kämme werden die Fasern gleichgerichtet. 20 bis 30 solcher Bänder laufen dann im Kammstuhl zusammen, der alle kurzen Wollfasern auskämmt und die gekämmten Bänder nochmals feiner und glatter zieht bis zum Endprodukt, dem Kammzug. Von diesem Arbeitsgang rührt auch der Name des daraus entstehenden Kammgarns her. Dieses sehr feine Wollgarn wird als ver-

Linke Seite: Wolle in der Flocke, ins Vlies gekämmt, Kardenband und Kammzug

webter, nicht brennbarer Stoff unter anderem häufig für Auto- oder Flugzeugsitzbezüge verwendet. Wird der Kammzug etwas auseinandergezogen, so lassen sich keine Faserknöllchen oder Unregelmäßigkeiten mehr ausmachen. Wegen ihrer enormen Feinheit eignet sich Kammzugwolle (in der Regel Merinowolle) sehr gut zum Filzen, obwohl sie sehr langfasrig ist.

Welche der drei Kämmarten schließlich zum Filzen verwendet wird, hängt vom zu schaffenden Objekt und vom Angebot ab. Pflanzenfärbereien bieten ihre gefärbten Wollen in der Regel im Vlies oder im Kardenband an.

Doch jeder Filzer entwickelt seine ganz persönlichen Woll-Vorlieben. Das mag zum einen am Temperament des jeweiligen Handwerkers liegen: Während sich der eine an dem Filzstück messen, seine ganze Kraft und Geduld in die Arbeit legen will, ist der andere bestrebt, möglichst rasch ein zufriedenstellendes Resultat zu erzielen. Darüber hinaus haben auch Wollsorten mit gleichem Namen oft unterschiedliche Filzeigenschaften. Das prägt sich vor allem auch in den unterschiedlichen Kämmarten aus. Merinowolle im Kardenband, Vlies oder Kammzug können kaum miteinander verglichen werden.

Mitunter ist das, was als Merinowolle angepriesen wird, keine reine Merino-Qualität, sondern wird vom Wollverarbeiter (Kardierbetrieb) mit anderen Wollfasern gemischt. Das muss für den Filzer kein Nachteil sein, macht die Wollbezeichnungen untereinander aber wenig vergleichbar. Sogar die Ernährung der Tiere und das Klima spielen eine Rolle, so dass je nach Schäferei, Region und sogar von Jahr zu Jahr die Wolle unterschiedliche Filz-Eigenschaften aufweisen kann.

Nicht zu unterschätzen ist auch der Einfluss der Färbung der Wolle, die die Bereitschaft der Fasern sich zu verfilzen ebenso verändern kann. Die gleiche Wolle von der gleichen Färberei kann zum Beispiel in Gelb fast vom Hinsehen filzen – in dunklem Blau dagegen sind die Fasern nur sehr schwer dazu zu bewegen sich zu verwirken. Dieser Effekt ist häufig bei pflanzengefärbter Wolle zu beobachten. Es gibt deshalb Pflanzenfärbereien, die in den vergangenen Jahren ausgiebige Versuche zum Filzverhalten verschiedener Wollen und Farben angestellt haben, nachdem die Nachfrage von Filzerinnen und Filzern nach geeigneter Wolle gestiegen ist. Beim Wollkauf empfiehlt es sich deshalb immer, ohne Scheu nach guter Wolle zum Filzen zu fragen. Daneben spielen auch noch Faktoren wie Lagerung oder der Fettgehalt der Wolle eine Rolle.

Eigene Erfahrungen mit verschiedenen Wollqualitäten von unterschiedlichen Bezugsquellen bilden deshalb die Grundlage für ein je nach eigenem Geschmack zufriedenstellendes Filzergebnis.

Feine Merino-Kammzüge (oben); Krempelmaschine (unten)

2 Die Fläche

- Es war einmal … – eine uralte Geschichte von einem uralten Handwerk
- Wollbilder – Bilder voll Wärme, Kraft und Bewegung
- Bastelfilz und Meterware aus eigener Produktion
- Spielflächen – Wiesen und Seen für Holzpferdchen und Co.
- Teppiche – über die Wohn- und Wärmequalität gewalkter Wolle
- Sticken auf Filz

Es war einmal … – eine uralte Geschichte von einem uralten Handwerk

Um den Filz und seine mögliche Entstehung drehen sich sehr viele Geschichten. Eine handelt von einem Mann, den wohl jeder kennt: Noah, dem von Gott befohlen wurde, die Arche zu bauen. Die Arche, die die Tiere der Welt und Noah und die Seinen retten sollte vor der großen Sintflut, die Gott über die Erde schicken wollte.

Da stand es nun, das große hölzerne Schiff und Noah stand auch da und machte sich Gedanken. Alles hatte er bereitet, alles fertiggebaut. Auch hatte er schon eine Menge Heu und Stroh in den Rumpf des Schiffes gebracht. Es sollte vielen Tieren als Nahrung dienen. Da gab es viel frisches Gras, aus dem noch Butterblumen und Löwenzahn blitzten, Kornblumen und der rote Mohn im Stroh.

Noah dachte sehr darüber nach, wie er es bewerkstelligen sollte, alle Tiere in der Arche unterzubringen. Als jedoch die ersten Tropfen fielen, sah er sie. In einem langen Zug kamen sie: die großen, die kleinen, die dicken, die dünnen, die nassen, die trockenen. Ein Paar von allen Tieren der Erde – und sie kamen wie von selbst. Und als allerletzte kamen die Schafe und fanden ein gemütliches Plätzchen ganz unten im Rumpf des Schiffes.

Der Regen schwoll an und wollte nicht mehr aufhören. In den Fluten versanken die Menschen und alles was sie geschaffen hatten. Nur die Arche setzte sich in Bewegung und wiegte Noah und die Tiere still und sicher auf dem entstandenen Meer.

Anfangs war es wirklich schön und behaglich im riesigen, dunklen Bauch des Schiffes. Es gab für alle viel zu sehen, zu hören und zu riechen. Aber bald schon wurden Futter und Trinkwasser knapp und alle litten unter der Enge. Die Schafe taten dasselbe, was alle Tiere tun, wenn sie krank sind oder sich nicht wohl fühlen: Sie warfen ihr Fell ab, ihre Wolle. Die Haare gingen ihnen aus und das schöne, weiße Wollvlies lag auf dem Boden, auf Heu und Stroh.

Nun war die Luft in der Arche wirklich sehr schlecht. Es war heiß und muffig, feucht vom Schweiß der Tiere und der Boden war vom Urin durchtränkt. Die Tiere trampelten in ihren Verschlägen, sie wurden immer unruhiger und die Lage wurde immer verzweifelter.

Kinderfilzbild «Arche»

Noah in seiner Not hatte eine Taube losgeschickt in der Hoffnung, sie würde Land finden. Doch jeden Abend kehrte sie zurück. Als er sie am dritten Abend am Horizont erblickte und aufschreien wollte vor Not und Verzweiflung, sah er, dass sie einen Ölzweig in ihrem Schnabel trug. Es dauerte nicht mehr lange, da sahen Noah und die Seinen das Ufer, Bäume und grüne Hügel. Es knirschte und rumpelte; die Arche lief auf Grund. Die Luke wurde geöffnet und alle Tiere strömten ins Freie. Auch die Schafe sprangen und hüpften vor Freude und labten sich am saftigen Grün der Wiesen. Noahs Familie freute sich über das neue Land und sie begannen sich häuslich einzurichten.

Noahs Kinder halfen die Arche leerzuräumen und kamen auch in den Verschlag der Schafe. Und als sie das Heu und die Wolle nach draußen bringen wollten, staunten sie nicht schlecht – die Schafwolle war zu einer großen Fläche verbunden, verfilzt. Sie halfen alle zusammen, rollten den «Teppich» ein, trugen ihn in die Sonne und legten ihn Noah zu Füßen. Noah rollte das Paket auf und vor ihm lag der schönste Teppich, den er je gesehen hatte. Das Menschenwerk der alten Zeit, die Kornblumen und der Mohn, das Heu und das Stroh und die lange schwere Reise in der Arche – alles war mit der Wolle der Schafe zusammengewirkt zu Mustern und Zeichen, die die Zeit überdauerten.

Noah soll auf dem Berg Ararat in der Türkei gelandet sein, einem Gebiet mit langer Filztradition, in dem dieses Handwerk noch heute ausgeübt wird. Auch wenn Noah wohl nicht, wie schon erwähnt, der Entdecker des Filzes gewesen sein kann, so wird in dieser Geschichte doch deutlich, dass für einen Filz Wärme, Feuchtigkeit und Kraft nötig sind. Die Kraft, die auf der Arche die Schafe zwangsläufig durch ihr Trampeln und Stampfen auf immer derselben Stelle auf die befeuchtete Wolle ausübten, muss der Filzer gezielt in das Werkstück geben. Und eben diese Kraft, mit der wir auf die eventuell mit Motiven gestaltete Wollfläche einwirken, wird beim fertigen Flächenfilz besonders deutlich. Durch die menschliche Bearbeitung und die Kräuselung der Wolle wird das fertige Motiv gleichsam in Bewegung versetzt, in dem Design kommt die Dynamik des Filzprozesses deutlich zum Ausdruck, die Lebendigkeit des Werkstoffes Wolle und des Arbeitens werden sichtbar. Am deutlichsten lässt sich die in den Filz gegebene Kraft an der Schrumpfung der Wolle ablesen. Die Anstrengung wird sozusagen messbar.

Ein erstes Prinzip: Das organisierte Chaos

Der Spannungsbogen zwischen chaotischer Struktur des Materials und rhythmischer Ordnung des Filzprozesses ist es, der das Filzen in unserer oft straff organisierten Zeit aufs Neue interessant werden lässt. Dieses Handwerk bedingt das Chaos, die Verwirrung, die Unordnung. Die Wollfasern sind wie eine Schar Kinder, die wild durcheinander rennt und wie beim Räuber-und-Gendarm-Spiel einer den anderen festhält. Der Filzer muss reichlich Kraft verwenden, um die Unordnung der Wolle auf die Spitze zu treiben, soweit, dass es gar nicht mehr aufgelöst werden kann. Das ganze Streben – neben der künstlerischen Ausgestaltung des Objektes – geht dahin, dass sich die Wollfasern soweit ineinander verschlingen, verheddern

Filzwerkstatt in Balıkesir: Lockern der Wolle mit dem Bogen, *yay*, durch Schlagen der gespannten Darmsaite mit einem Holzschlegel. Im Hintergrund wird die gelockerte Wolle mit einem Handrechen ausgestreut und aufgeschichtet.

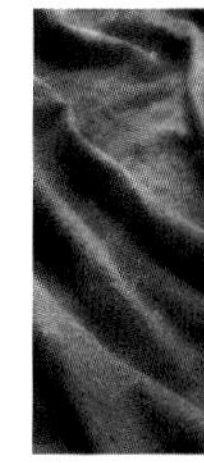

und verhaken, dass ein fester, nicht mehr zu entwirrender Filz entsteht.

Dieses Chaos muss jedoch bewusst inszeniert, die Unordnung bereits beim Auslegen der Wolle sorgsam vorbereitet werden. Um den Filzprozess zu begünstigen oder gar erst zu ermöglichen, müssen sich die Wollfasern, bevor sie mit Wasser begossen werden, kreuzen.

Durch die Kardiermaschine werden die Wollfasern in eine Richtung gekämmt. Diese mitunter strenge Parallelität muss beim Auslegen wieder durchbrochen, die Wollfasern in Unordnung gebracht werden

Die Wolle vom Schaf wird von alters her mit sehr einfachen Hilfsmitteln von Schmutz gereinigt und aufgelockert, um sie zum Filzen auslegen zu können. In unterschiedlichen Kulturregionen haben sich verschiedene Techniken herausgebildet, um ein «organisiertes Chaos» zu erreichen.

Die Nomaden in der Mongolei peitschen seit Jahrhunderten die Wolle. Zumeist mehrere Personen gleichzeitig schlagen mit je zwei, etwa ein bis eineinhalb Meter langen Weidenruten rhythmisch auf einen Berg Wolle ein. Die Wollbüschel werden so durch die Luft gewirbelt und die Wolle aufgelockert. Ein weiterer Vorteil ist, dass durch das Schlagen der Schmutz aus der Wolle herausgelöst wird und am Boden des Wollberges bleibt. Zum Auslegen wird schließlich ein Wollbüschel in einer Hand gehalten und mit der anderen auf die Unterlage – eine Matte oder eine alte Filzfläche, den sogenannten «Mutterfilz» – gedrückt und so breit ausgezogen.

In Osteuropa und der Türkei wird in traditionell arbeitenden Filzbetrieben die auf einem Tuch auf dem Boden liegende Wolle von dem auf einem Schemel sitzenden Handwerker mit einem Bogen, dem sogenannten Fachbogen (türkisch *yay*) gelockert. Dieser Bogen ist ein sehr persönliches Arbeitsgerät des türkischen Filzers und wird von dem Handwerker meist selbst aus Holz hergestellt. Der *yay* ähnelt einem riesigen Geigenbogen mit einer Saite aus Schafsdarm. Das zu spielende Instrument ist hier die Wolle, die durch das rhythmische Anschlagen des Bogens aufgewirbelt wird. Um die Finger zu schonen wird die Saite mit dem *tokmak*, einem flaschenförmig gedrechselten Holzschlegel, angeschlagen und in Vibration versetzt. Der Fachbogen ist auch bei traditionell arbeitenden Filzern in Ungarn gebräuchlich. In vorderasiatischen Gebieten wird er zum Teil auch zum Lockern von Baumwolle verwendet.

Um die Hand, die den Bogen hält, zu entlasten wird das Gerät zumeist aufgehängt. Entweder wird es mit einer Schnur an der Decke befestigt oder – wie in der Türkei – an einer federnden Halterung aus Kastanienholz an der Wand aufgehängt oder auf den Boden gestellt.

Nach dem «Fachen» wird die Wolle auf einer Schilfmatte (türkisch *hassir*) gleichmäßig ausgebreitet und aufgeschichtet. In der Türkei nehmen die Filzer dazu einen kleinen Holzrechen (türkisch *çoput*). Die Arbeit mit dem Rechen sieht spielerisch leicht aus, erfordert aber sehr viel Übung. Mit dem Handrechen, den die Filzer ebenfalls selbst herstellen, wird die Wolle so verteilt, dass eine gleichmäßig dicke Schicht und damit ein regelmäßiger Filz entsteht. Bei dieser Art der Wollvorbereitung kommen die Fasern nicht parallel zum liegen. Ein kreuzweises Auslegen (wie bei Wolle aus dem Vlies, dem Kardenband oder Kammzug) ist nicht nötig.

Der Gebrauch von Fachbogen und Holzschlegel ist heute auch in den traditionellen Filzerländern selten. Die Kardiermaschine hat auch dort die Handarbeit abgelöst. Sie kann das Kämmen der Wolle ersetzen, nicht aber das gleichmäßige Auslegen für einen löcherlosen Filz.

Filzen ist Rhythmus von Anfang an:

- Ob das Peitschen oder Fachen der Wolle mit dem gleichmäßigen rhythmischen Schlagen der Ruten oder Anschlagen der Saite des Fachbogens;
- Ob der mühlengleiche Rhythmus der Krempelmaschinen, durch den die Wollfasern auf großen Walzen zu Vliesen gekämmt werden;
- Ob der gleichmäßige Rhythmus der Hände, die die Wollflocken aus dem Vlies oder dem Band zupfen, um sie für große Teppiche in stundenlanger Arbeit ganz gleichmäßig auszulegen;
- Ob das Walken der Flächen, bei dem der eingerollte Filz in einem schier nicht enden wollenden Rhythmus hin und her gerollt wird.

Bunte Wollflocken im Herbstlaub

Wollbilder – Bilder voll Wärme, Kraft und Bewegung

Von fliegenden Flocken zum festen Filz

Mit einem ersten Wollbild wählen wir eine spielerische Annäherung an das Thema Filz. Die Wolle soll tanzen wie Blätter im Herbststurm, wie Schneeflocken im Winterwind. Den luftigen Flocken beim Schweben zuzusehen und sie ihrer eigenen (Fall-)Geschwindigkeit zu überlassen ist ein sinnlicher Weg, das Material zu erfahren, zu erleben, wie die schwebende Leichtigkeit der losen Fasern sich mit Wasser, Wärme und Kraft schließlich zu einem dichten, festen, unauflösbaren Stoff verbindet. Hier wird natürlich nicht die korrekte Auslegetechnik für Wolle gezeigt (siehe dazu Seite 51f). Die glatte oder gleichmäßige Oberfläche steht hierbei nicht im Vordergrund, sondern eine spielerische Annäherung an den Prozess.

Für dieses erste einfache Ausprobieren können verschiedene Wollqualitäten und Farben beliebig miteinander vermischt und kombiniert werden. Die auf diesem Wege entstandenen kleinen Flächen können einfach nur Muster- oder Probestücke sein, mit denen das verwendete Material studiert wird:

- Wie verhalten sich die Farben zueinander, wie mischen sie sich?
- Wie verbinden sich verschiedene Wollqualitäten?
- Welche Wolle filzt schnell, welche langsam, welche Wolle ergibt einen weichen, welche einen harten Filz?

Aus dem Probestück kann aber auch schon ein erster selbst hergestellter, kleiner Filzstoff werden, der geschnitten und zu einem Täschchen oder einer Figur genäht oder bestickt wird.

Als Unterlage eignet sich für so kleine bunte Flächen gut eine Autofußmatte aus Gummi.

Zuerst schneien die Wollflocken kunterbunt durcheinander zu einem hohen Berg.

Dann wird der Berg mit heißer – für die Hände erträglicher! – Seifenlauge begossen. Dazu eignet sich eine Gießkanne mit einer möglichst feinen Brause oder ein Wäschesprenger. Wer es traditioneller liebt, kann eine sogenannte Reisstrohbrosse, eine Art Handbesen, den es in guten Haushaltswarengeschäften zu kaufen gibt, verwenden. Bei dieser althergebrachten Methode wird das heiße Seifenwasser langsam über die langen Borsten des Besens gegossen, über die das Wasser in feinen Tropfen auf der Wolle verteilt wird.

Wie das fallende Herbstlaub ordnen sich die Wollflocken spielerisch zu einer ersten Fläche

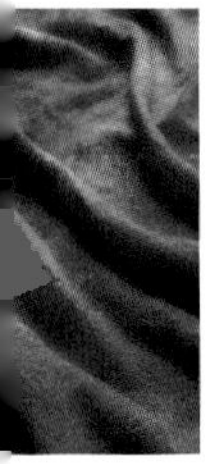

Dabei kann das Wasser sehr heiß sein, weil es durch das Herunterträufeln stark abkühlt. Die Wolle soll angefeuchtet sein, aber nicht im Wasser schwimmen! Wird zu viel Lauge verwendet, haben es die Wollfasern schwer sich zu verbinden.

Ist der Berg begossen, wird mit den Handflächen die Wolle sanft abgesenkt und so die Luft zwischen den Fasern ausgedrückt.

Die Fläche wird nun mit den Händen mit sanften kreisenden Bewegungen, die anfangs eher einem Vibrieren ähneln, gestreichelt. Die kreisförmige Bewegungsrichtung der beiden Hände geht dabei vom Rand in Richtung Mitte. Wird von innen nach außen gestrichen, läuft das junge, noch sehr lose Woll-Werk Gefahr, in der Mitte zerrissen zu werden.

Mit der Zeit kann der Druck auf die sich langsam verbindenden Wollfasern verstärkt und die kreisenden Bewegungen größer werden.

Die strukturierte Gummimatte bewirkt gleichzeitig, dass durch die Bewegungen auch die Rückseite der Fläche bearbeitet und die Wollfasern angespornt werden zu wandern und sich gegenseitig zu verhaken.

Sind die Fasern der Oberflächenwolle spürbar miteinander verbunden, wird die Fläche gewendet. Hierfür wird eine zweite Gummimatte mit der Riffelung zur Wolle auf die Fläche gelegt und das so entstandene «Mattensandwich» umgedreht. Jetzt wird die (bisherige) Rückseite in gleicher Weise bearbeitet. Achtung Tempolimit! Es muss erneut langsam, behutsam und zart vibrierend begonnen werden.

Wenn auch die Oberflächenfasern der zweiten Seite gut verbunden sind, ist der Filzprozess abgeschlossen. Der Filz hat jedoch noch keine allzu große Festigkeit.

Nun muss das mittlerweile erkaltete Wasser aus dem Filz gedrückt werden. Dazu wird die Fläche vorsichtig zu einem Päckchen zusammengefaltet und sanft ausgedrückt – nicht wringen!

Jetzt beginnt der Walkprozess. Gewalkt werden kann nach einer häufig als «europäische Methode» bezeichneten Technik durch Reiben auf einem geriffelten Untergrund (Ablage des Spülbeckens, Waschbrett) oder nach der traditionellen «asiatischen Methode», die ausführlicher beschrieben werden soll und vielfältiger einsetzbar ist. Dazu wird die Fläche auf ein Frotteehandtuch gelegt, nochmals heiß begossen und anschließend eingerollt. Jetzt kommt es nicht mehr darauf an, dass das Werkstück besonders nass ist, sondern nur noch die Hitze, die Kraft und die Bewegung sind entscheidend. Auf die Seife im Wasser kann jetzt verzichtet werden – sie spielt nur für das erste Verbinden eine Rolle. Das Tuch muss an allen Seiten größer als der Filz sein. Statt des Handtuchs kann auch eine Bastmatte (etwa eine baumwollumsäumte Badematte), ein anderes Tuch oder eine alte Filzfläche (bei den Nomaden der Mongolei als «Mutterfilz» bezeichnet) verwendet werden.

Die kleine Rolle wird nun unter den Handflächen vorsichtig hin- und hergerollt – wohlgemerkt nicht geknetet und gedrückt! Es ist das Hin und Her, das in erster Linie das Zusammenschieben der Fasern bewirkt.

Nach etwa drei bis fünf Minuten wird die Rolle geöffnet. Was ist passiert? Die Fläche hat sich in die Richtung, in die sie bewegt wurde, mächtig zusammengeschoben, vielleicht ist sie sogar aus der Form geraten. Diese Verformungen können nach jedem Öffnen durch Zurechtziehen des Stückes wieder etwas reguliert werden. Keine Sorge: Der Filz hält jetzt schon einiges aus.

Die Fläche wird um 180° gedreht und wieder eingerollt. So besinnlich, sanft und behutsam wie bisher kann es allerdings nicht weitergehen. Jetzt ist Muskeltraining angesagt. Der Krafteinsatz wird mit jedem Einrollen gesteigert und es können auch die Unterarme zu Hilfe genommen werden.

Es wird abwechselnd gerollt, geöffnet, ausgewrungen, in Form gezogen, in alle Richtungen gewendet, erhitzt und aufs Neue eingerollt, solange bis der Filz fertig ist.

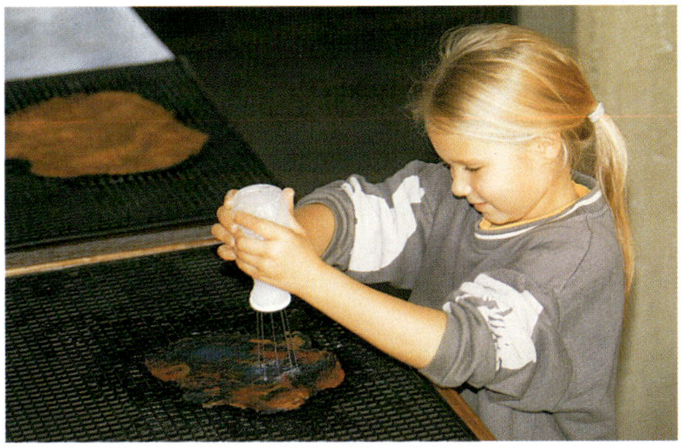

Wann ist der Filz fertig?

Eine wirklich häufig gestellte Frage – Sie kann allerdings kaum allgemeingültig beantwortet werden. Es kommt immer darauf an, wofür der Fleck oder die Fläche verwendet wird. Soll aus einem großen Filzstoff eine Jacke genäht werden, muss der Filz ganz fest gewalkt werden. Soll ein Wandbild entstehen, müssen die Fasern nicht vollständig verbunden sein.

Eine Angabe darüber, wie lange der Filz bearbeitet werden muss, kann schon gar nicht gemacht werden. Neben dem Verwendungszweck kommt das darauf an, wieviel Druck während des Walkens mit den Händen auf die Rolle ausgeübt wird. Es hängt auch von der verwendeten Wolle ab. Auch die Dicke der ausgelegten Wolle und die Größe der Fläche spielen eine wichtige Rolle für die notwendige Dauer des kräftigen Walkens.

Ganz fertig ist ein Filz, wenn sich an seiner Oberfläche kleine Noppen zeigen. Während des Walkens hat sich die Wolle ihrer ursprünglichen Kräuselung «erinnert» und die Fasern haben sich in den Zustand zurückbewegt, den sie am Körper des Schafes einmal hatten. Eine leicht körnige Oberfläche ist entstanden. Auch sind die Farben der verschiedenen Flocken stark ineinander übergegangen: Töne haben sich vermischt und gegenseitig beeinflusst. Der anfänglich parallele Faserverlauf ist nicht mehr sichtbar. Eine sehr strenge Richtlinie für ganz fertigen Filz ist, dass sich der Stoff in sich nicht mehr ziehen lässt. Dieses Kriterium ist aber immer im Hinblick auf die letztendliche Bestimmung des Stückes zu prüfen.

1. Die Wollfläche wird mit heißer Seifenlauge begossen …
2. … und zunächst ganz sanft bearbeitet
3. Die fertige Fläche – so klein ist sie geworden

Kinder legen Bilder auf eine weiße, feuchte Wollfläche

Bewegte bunte Bilder

Farben, Motive und Ornamente in Filz spiegeln besonders auffallend den Prozess wider, den sie durchlaufen haben. Die Kraft, die wir in den Filz geben, drückt sich in der Bewegung der Motive aus. Auch die Farben ändern sich im Laufe des Walkvorgangs, sie gehen aquarellartig ineinander über, sie werden weicher, wärmer. Blüten wiegen sich sanft auf ihren Stängeln und das Wasser eines Wollteiches kräuselt sich, so dass sich der Wind, der darüberstreicht, erahnen lässt und man glaubt die Bewegung der Wellen zu sehen, auf denen ein Schiffchen dahinsegelt.

Diese Lebendigkeit des Prozesses und der dabei entstehenden Werke macht die Arbeit insbesondere für Kinder spannend und aufregend. Das Material gibt keine Starrheit vor, sondern spielerische Leichtigkeit.

Filzbilder, das sind Blumen, Tiere, Häuser, Menschen, die aus kleinen Wollflöckchen gezupft, gedreht, auf einen Wollgrund gelegt und zu Geschichten verdichtet werden.

Kinder beobachten sehr genau jede Kleinigkeit, die gezeigt wird. Zuviele Worte und intellektuelle Erklärungen zur Arbeitstechnik lenken die Kinder ab vom Tun, von der Sinnlichkeit des Materials und des Prozesses. Es ist schön das gemeinsame Schaffen mit Geschichten und kleinen Erzählungen zu begleiten, die den Kindern innere Bilder geben von den Stimmungen und Qualitäten der jeweiligen Arbeitsschritte. So bekommt das kraftvolle, wilde, fröhliche, ausgelassene Walken eine andere Erzählfarbe oder -melodie als der spannende Moment, in dem die Wolle vom heißen Wasser zum ersten Mal «erschreckt» wird.

Dabei sollte man sich aber nicht zu viel vornehmen. Einen Teppich mit Kindern zu machen ist ein Projekt, das sehr guter Vorbereitung, des richtigen Rahmens und mehrerer Tage Zeit bedarf. Daneben kann überlegt werden, wie die Kinder an den Filzrohstoff, die Wolle, ans Scheren der Schafe, an die weiteren Verarbeitungsschritte oder die Tradition des Filzhandwerks herangeführt werden können.

Um ein Bild zu malen, braucht man ein Blatt Papier. Unser «Wollpapier» ist zunächst ein hoher Berg aus weißen Wollflocken. Wie beschrieben (siehe Seite 43 f) wird er mit heißer Seifenlauge begossen und abgesenkt. Dann liegt die Fläche, die gestaltet sein will, vor uns.

Einfachste und für Kinderzeichnungen ausreichende Gestaltungselemente sind der Punkt und der Strich. Der Strich kann beliebig zur Linie verlängert werden (Faden) und so den Dingen Konturen geben. Größere Flächen werden mit vielen kleinen Punkten «ausgemalt». Beim Arbeiten mit kleineren Kindern ergibt sich die Themen- und Motivwahl aus dem Material selbst, für größere Kinder ist es eine spannende Aufgabe, sich spielerisch dem Thema Ornament zu nähern: 24 Punkte und 12 Striche – welche Muster entstehen?

Kinderbilder auf weißem Grund

Einige einfache Formen, die sich aus gelegten Wollflocken ergeben können, sind:

- *Der Punkt:* Eine oder mehrere lose gezupfte Flocken trockener Wolle werden zu einer Kugel gerollt.
- *Der Strich:* Ein paar parallel liegende Wollfasern werden leicht miteinander zu einer Schnur verdreht.
- *Der Ring:* Wollfasern werden zum Kreis gelegt und an den übereinanderliegenden Faserenden verdreht.
- *Die Schlaufe:* Ein dünner Wollstrang wird U-förmig gelegt und die beiden Faserenden werden miteinander verdreht.
- *Das Blatt:* Eine Wollflocke wird in der Hälfte zusammengeklappt und an den Faserenden verdreht.

Der Punkt

Der Strich

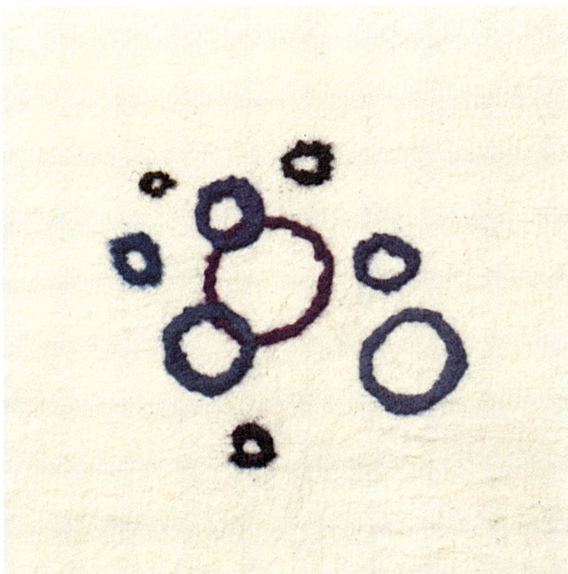

Der Ring

Die Schlaufe

Das Blatt

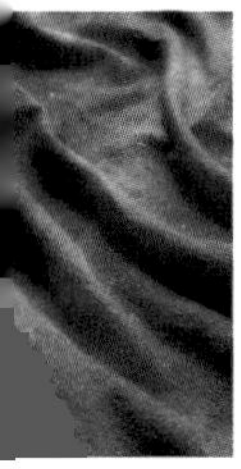

Nun zurück zu unserem «Wollpapier». Die Tatsache, dass die Fläche nass ist, hilft die wie auch immer gestalteten Wollflocken exakt zu platzieren. Sie bleiben auf dem Untergrund haften. Wenn die Bilder auf trockenem Grund gelegt werden, gerät die luftige Angelegenheit oft allzusehr in Verwirrung, wenn sie begossen wird. Motive verschieben sich und Falten entstehen. Deswegen hier das vorherige Absenken, das aber tatsächlich nur ein Niederdrücken des begossenen Wollpolsters sein soll, keinesfalls schon ein Anfilzen mit Streichbewegungen! Der weiße Wollgrund soll offen bleiben, um sich mit der Farbgestaltung und nicht in sich selbst zu verbinden. Beim Auflegen der Muster wird entschieden gearbeitet – Punkt, Strich und Co. sollen, wenn sie durch das erste Auflegen einmal nass geworden sind, nicht mehr viel in den Fingern hin und her bewegt werden.

Ist das Bild fertig gelegt, wird es sofort mit einer zweiten Gummimatte bedeckt und umgedreht. Die Motivseite liegt nun unten und ist von der Hintergrundwolle geschützt. Das Motiv ist so fixiert und kann beim weiteren Bearbeiten nicht verschoben werden. Nun wird das Bild von der Rückseite her verfilzt (siehe Seite 43 f).

Ist die Wolloberfläche gut verbunden, kann das Bild vorsichtig – wieder zwischen zwei Gummimatten – umgedreht werden. Nun wird die Vorderseite zart bearbeitet. Das Motiv soll sich mit der weißen Untergrundwolle gut verbinden. Deshalb wird behutsam und schützend mit der ganzen Handfläche gearbeitet. Spitze Finger würden jetzt die Linien und Punkte noch verschieben.

Wenn die Fläche gut verfilzt ist, wird zunächst das bereits erkaltete Wasser ausgedrückt (nicht wringen!), dann wird sie auf ein Handtuch gebreitet, mit heißem Wasser flüchtig begossen, eingerollt und durch zartes Hin- und Herbewegen gewalkt.

Ein spannender Moment für die kleinen (und auch großen) Handwerker ist das Öffnen der Rolle nach den ersten fünf Minuten des Walkprozesses. Wie sieht das Bild jetzt aus? Ist das Haus ein Hochhaus oder ein Bungalow geworden? Hat die Kuh einen langen Rüssel bekommen oder wurde aus dem Ball ein Ei? Nicht erschrecken, sondern ziehen, drehen, wenden, einrollen, weiterwalken ... bis die Blume ein Blümchen, das Haus ein Häuschen und der Ball ein Bällchen – aber das Filzbild fertig ist.

Fertig ist das Filzbild dann, wenn das ganze Bild spiegelverkehrt und ganz zart auf der weißen Rückseite sichtbar wird. Durch das Walken sind die Fasern «gewandert» und haben sich durch das «Wollpapier» durchgearbeitet. Und auch die weiße Hintergrundfarbe hat dem Motiv einen Pastellton verliehen. Deshalb gilt es stets die Wahl der Hintergrundfarbe zu bedenken:

- Weiße Wolle macht die Musterfarbe bleicher und pastellartiger.
- Graue Wolle nimmt dem Muster die Leuchtkraft.
- Schwarze Hintergrundwolle kann die Farben sowohl dämpfen als auch hervorheben.

Die Frage nach fertig oder nicht muss auch hier unter Berücksichtigung des Verwendungszwecks gestellt werden. Wird das Wollbild etwa als Stuhlkissen verwendet oder auf einen Kissenbezug appliziert, muss der Filz möglichst fest sein. Soll es als Wandbild dienen, kann die Arbeitszeit verkürzt werden.

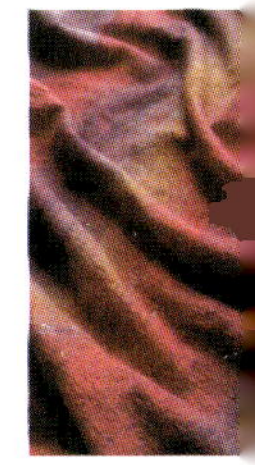

Maschinell hergestellter Bastelfilz

Bastelfilz und Meterware aus eigener Produktion

Kleine Filzflächen zum Basteln – eine wirklich «feine» Sache

Anfang der 60er-Jahre prangten sie von unzähligen Kinderzimmerwänden über unzähligen Gitterbettchen: Schneewittchen und die sieben Zwerge, Eisenbahnen, aus deren Lokomotiven weiße Wölkchen über den Wandbehanghimmel tanzten, und schließlich zum vielhundertsten Mal der Schäfer mit dem Hirtenstab, dem Schlapphut, seinem weiten Mantel und seinen Schäfchen um sich herum (weiße Bällchen mit vier schwarzen Stäbchen unten heraus). – Alles schablonenhaft, stilisiert aus Bastelfilz ausgeschnitten und mit Alleskleber auf Rupfenstoff geklebt. Der Kleber war meistens viel zu dick aufgetragen und hinterließ diese grässlichen harten Flecken auf dem Filz.

Fast jeder dürfte in seiner Kindheit einige Bastelfilzmemoiren finden, ob es die Gesichter und Gewänder der Kasperlpuppen waren, die Kulissen des dazugehörigen Theaters oder die frühen Werke des Handarbeits- und Werkunterrichts.

Handelsüblicher Bastelfilz ist in der Regel jedoch nicht zu 100 % aus Schafwolle. Warum also nicht einmal ein Stück feinen Bastelfilz, vielleicht sogar farbig gemustert, selbst herstellen? Das feine und gezielte Auslegen der Wolle ermöglicht Filzflächen und Stoffe in gewünschter Stärke und Größe zu arbeiten.

Auf die Lagen kommt es an

Dabei ist besondere Sorgfalt nötig, damit bei einem recht dünnen Filz keine Unregelmäßigkeiten oder gar Löcher entstehen. Anstatt die Wollflocken wild durcheinander wirbeln zu lassen, soll die Wolle jetzt das machen, was wir wollen, nicht was sie will. Das zum Filzen nötige Chaos der Wollfasern soll also nicht mehr unorganisiert sein, sondern Struktur und System bekommen. Je nach Kämmart der Wolle (siehe Seite 33) sind dabei mehrere Möglichkeiten denkbar:

Wird ins Vlies gekämmte Wolle verwendet, können die Vliese direkt ausgelegt werden, ohne dass die Wolle in Flocken gezupft werden muss. Dabei ist es besser, viellagige Vliese zu teilen und zwei dünne Schichten in gekreuzter Faserrichtung übereinander zu legen. Es ist zwar generell möglich ein Vlies auch einfach auszulegen, wegen der relativ parallel liegenden Fasern schrumpft die Fläche jedoch nicht gleichmäßig in ihrer Länge und Breite. Dies müsste bei der Größenberechnung vorher berücksichtigt werden. Außerdem sollten nur geübte Filzer die Vliese ohne Zupfen auslegen. Vlieswolle ist nämlich selten ganz gleichmäßig gekämmt, so dass die Gefahr besteht, dass dünne Stellen oder gar Löcher im fertigen Filz zurückbleiben. Vor allem bei dünnen Filzen ist deshalb von dieser Technik abzuraten. Auch Vlieswolle kann aber gezupft und ausgelegt werden.

Weites Fassen für das Zupfen eines Kammzugs

Wolle im Kammzug oder Kardenband muss immer gezupft werden. Während das Auszupfen des Kardenbandes relativ problemlos geht, stellt der Kammzug wegen der Länge der Fasern (bis zu 15 Zentimeter) eine gewisse Herausforderung für Anfänger dar. Die linke Hand hält den Wollstrang etwa 20 Zentimeter vom Ende locker in der Hand, mit der rechten Hand wird der Wollstrang am Ende gefasst und ausgezupft. Dabei sollen die Fasern nicht mit den spitzen Fingern der rechten Hand gepackt, sondern zwischen Handballen und Fingern breit gehalten werden.

Und dann beginnt eine «Woll-Dachdeckerarbeit». Wie beim Decken eines Hausdachs werden die ausgezupften Wollflocken in der ersten Reihe nebeneinander ausgelegt. Sie sollen sich dabei soweit überragen, dass eine gleichmäßig dicke Reihe entsteht. In der zweiten Reihe werden die Flocken dachschindelartig darüber gelegt. Die Wolle der zweiten Reihe soll die der ersten dabei um etwa die Hälfte überlappen, so dass insgesamt eine gleichmäßig dick mit Wolle ausgelegte Fläche entsteht. Die Gleichmäßigkeit ist am Anfang gut zu kontrollieren, wenn die Farbe der Arbeitsfläche (Matte, Plastikfolie usw.) zur Wollfarbe kontrastiert und dünne Stellen dadurch sichtbar werden, dass die Farbe der Arbeitsfläche durchscheint.

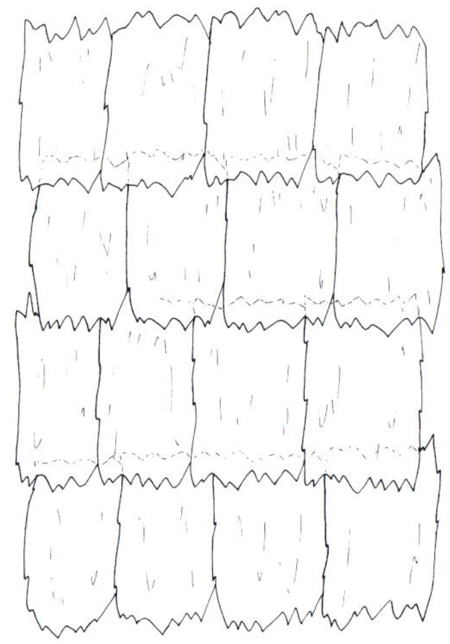

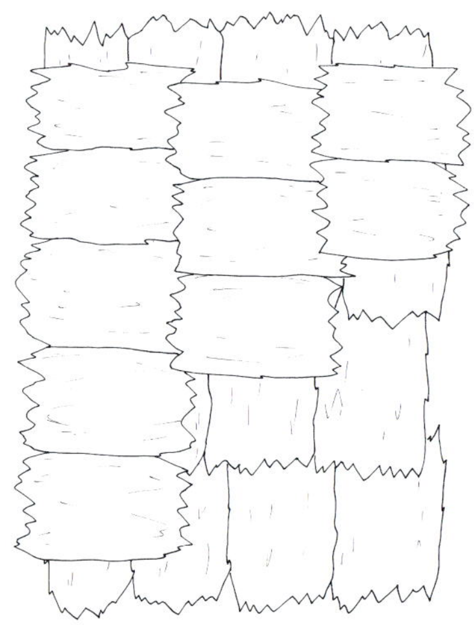

1. Die Wollflocken werden für die erste Lage dachziegelartig ausgelegt
2. In der zweiten Lage wird die Faserrichtung um 90 Grad gedreht

In der zweiten Lage wird nach dem gleichen Prinzip verfahren, jetzt müssen die Wollfasern aber im 90°-Winkel zur ersten Lage ausgelegt werden. Die dritte Lage liegt wieder im 90°-Winkel zur zweiten und um 180° gegenüber der ersten Lage verdreht und so weiter.

Auch hier gilt: Es sind mindestens zwei gekreuzte Lagen nötig. Es sollten aber mehr Lagen gelegt werden. Bei nur zwei dicken Lagen sind die Fehlerquellen recht hoch. Durch Unachtsamkeit können leicht dünne Stellen im Stoff entstehen. Also lieber zehn hauchdünne als zwei dicke Lagen auslegen. Die Fläche wird dadurch feiner, gleichmäßiger und fester.

Schrumpfen

Wer nun eine Filzfläche in einer ganz bestimmten Größe herstellen möchte, wird nach einigen Versuchen feststellen, dass es gar nicht so einfach ist die Schrumpfung zu kalkulieren. Schließlich schrumpft die Wolle beim Verfilzen um zwischen 30 % und 50 %. Genaue Maßangaben können dazu jedoch nicht gemacht werden. Unterschiedliche Wolle schrumpft unterschiedlich stark:

- feinfasrige mehr als grobe,
- dünn ausgelegte Wolllagen gehen mehr ein als dick ausgelegte,
- bei der traditionellen asiatischen Rolltechnik schrumpft der Filz nach anderen Gesetzen als beim Reiben auf einem Waschbrett.

Bevor sehr teure Wolle verfilzt oder ein großes Stück mit viel Material gearbeitet und unwiederbringlich verwirkt wird, kann, um einen Anhaltspunkt über die Schrumpfung zu erzielen, ein Probestück angefertigt werden. Ein fürwahr guter Rat, der aber schon bei Strickerinnen für die Maschenprobe kaum Beachtung findet. Im Gegensatz zur Strickware kann ein Filz nicht mehr aufgetrennt werden. Ein Probefleck ist also dringend anzuraten. Und dennoch – oder gerade deshalb – ist die eigene Erfahrung der beste Ratgeber.

Wer es mit einem Probestück versuchen möchte: eine kleine Fläche in der Wolle und Dicke auslegen und mit der Technik bearbeiten wie das gewünschte große Objekt. Maße vor und nach dem Filzen feststellen: Länge, Breite, Gewicht. Über einen mathematischen Dreisatz kann so die Schrumpfung oder der Wollverbrauch für den großen Filz berechnet werden.

Nach dem Auslegen der Wolle für den Bastelfilz wird weiter gearbeitet wie bereits beschrieben (siehe Seite 43 f). Auf das erste Anfilzen der Oberflächenfasern folgt nach dem vorsichtigen Ausdrücken des Filzes das Walken. Auch die dünne Filzfläche wird – wie das Wollbild – dazu in ein Handtuch oder eine Bastmatte eingerollt. Die Arbeitsschritte: Begießen mit wenig heißer Lauge, Einrollen ins Handtuch, zunächst vorsichtig unter den Händen, später unter Zuhilfenahme der Unterarme Hin- und Herrollen, Öffnen, Drehen und Wenden, Begiessen, Einrollen …

Bei sehr glatt ausgelegten Filzen zeigt sich die Körnung besonders schön, die uns einen Anhaltspunkt darüber gibt, wann der Filz fertiggewalkt ist. Das Kriterium, dass sich ein fertiger Filz nicht mehr ziehen lassen darf, ist bei sehr dünnen Filzen kaum einzuhalten.

Die Schere zählt im Filz- und Walkprozess nicht zu den klassischen Werkzeugen und in ein unter Mühen fertig gewalktes Filzstück hineinzuschneiden kostet unter Umständen einige Überwindung. Und doch leistet die Schere für denjenigen wertvolle Dienste, der eine Fläche mit besonders geraden Rändern herstellen möchte. Bevor der Filz ganz fertig gewalkt ist, werden seine Ränder gerade abgeschnitten. Die nun nicht besonders schönen harten Kanten werden abgerundet, indem sie noch einige Male überwalkt werden: Der Filz wird eingerollt und ganz fertiggewalkt. Die Kanten können auch extra unter Zuhilfenahme von etwas Seife mit der Hand gerieben werden.

Ist der Bastelfilz fertig, kann er problemlos mit Nadel, Nähmaschine und Faden weiterverarbeitet werden. Er lässt sich mit jeder Art von Nadel einfach und unkompliziert durchstechen, ob für Näharbeiten oder Stickereien. Bis zu großer Dicke können Handfilze auch von der Nähmaschine bewältigt werden. Im Vergleich zu dicht gewebten Stoffen lässt sich der verfilzte Faserverbund leicht durchstoßen. Ein Einsäumen der Stoffränder – etwa mit Zickzack-Stichen – ist nicht unbedingt nötig, weil Filz nicht ausfranst.

Filz am laufenden Meter – große Stoffe mit Mustern

Wer Großes vor hat, braucht auch eine große Arbeitsfläche. Einen Kindermantel, eine Jacke oder ähnliches zu schneidern erfordert eine üppige Fläche des gleichen Filzstoffes. Reizvoll und spannend an größeren Filzflächen sind vor allem die Mischung der Farben und die Gestaltung mit Mustern. Im Gegensatz zu allen anderen Stoffen können beim Filzen die Muster frei gelegt werden. Sie müssen sich nicht an Kette und Schuss (wie beim Weben), an Maschenläufen (wie beim Stricken) oder am Gewebe (wie beim Sticken) orientieren. Der Fantasie mit Mustern sind beim Filzen keine Schranken gesetzt.

Eine Möglichkeit, Muster auf eine unifarbene oder bereits bunt gestaltete Hintergrundwolle zu bringen, wurde bereits im Kapitel Wollbilder beschrieben. Einzelne Wollflocken werden zu Strängen verdreht, zu Bällchen gerollt oder zu sonstigen Formen gearbeitet und auf einer ausgelegten Fläche angeordnet. Es können auch größere zusammenhängende Ornamente aus farbigen Wollflocken gelegt werden.

Vorfilze

Eine andere, sehr reizvolle Methode ist die Arbeit mit Vorfilzen. Mit ihnen können Muster und Ornamente mit harten Konturen gearbeitet werden. Vorfilze sind nur leicht angefilzte, relativ dünne, in der Regel einfarbige Flächen. Aus diesen werden mit der Schere

Einfach gelegte Ornamente auf einer dünn ausgelegten Wollfläche

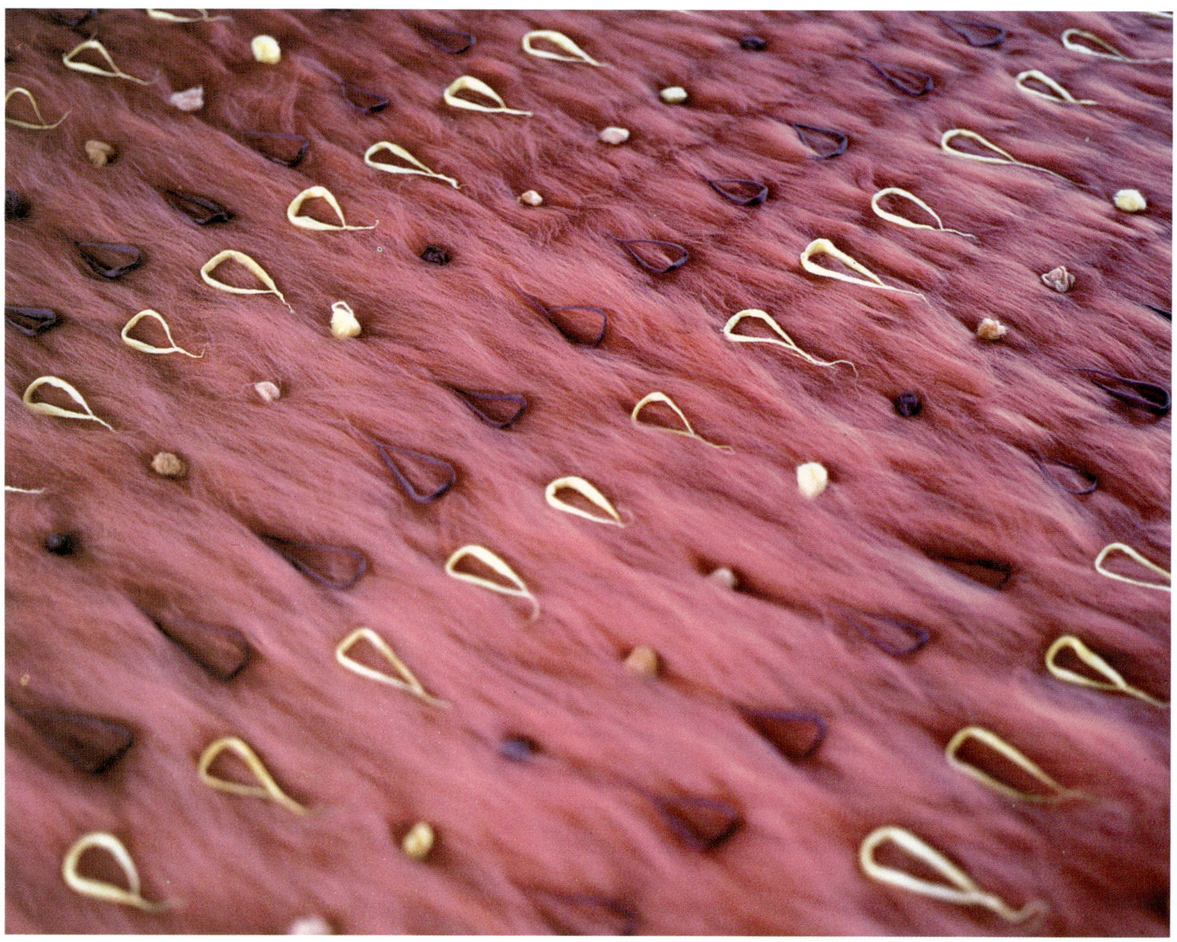

Formen und Muster ausgeschnitten. Weil die Vorfilze nur leicht angefilzt sind, verbinden sie sich beim Filzprozess mit der Hintergrundwolle.

Je nach Geschmack kann die Dicke der Vorfilze ausfallen. Soll die Hintergrundwolle im Filz stark durch die Muster durchscheinen, so stellt man dünne Vorfilze her. Bei einem sehr hart gewalkten Filz und einem geringen Farbkontrast zwischen Hintergrund- und Musterwolle kann es sein, dass das Muster, am Ende eher einem Schatten gleich, kaum mehr erkennbar ist – eine nicht ganz uninteressante Gestaltungsform. Bei dicken Vorfilzen bleiben die Farben des Musters deutlicher sichtbar. Je dicker der Vorfilz, desto stärker hebt er sich reliefartig aus dem fertigen Filz hervor. Soll dies vermieden werden, müssen die Flächen zwischen den Vorfilzmustern zunächst mit extra Flocken der Hintergrundwolle ausgefüllt werden, bevor diese auf der ganzen Fläche gleichmäßig verteilt wird.

Traditionelle Vorbilder für diese Mustertechnik mit Vorfilzen finden sich besonders in den türkischen Teppichen, den *keces* (siehe Seite 66).

Das Arbeiten mit Vorfilzen ermöglicht harte Konturen der Muster und Motive

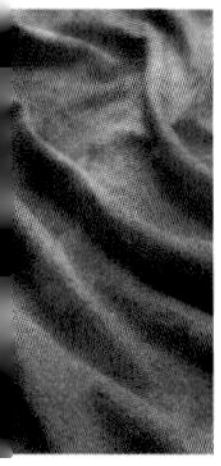

Spiegelverkehrtes Auslegen

Egal ob die Muster aus Wollflocken gelegt oder aus Vorfilzen geschnitten werden, bei größeren Flächen erscheint es kaum bewältigbar den ersten Filzprozess mit den vibrierenden, reibenden und kreisenden Händen auf der ausgebreiteten Fläche bewerkstelligen zu wollen. Es wird deshalb von Anfang an in der asiatischen Rolltechnik gearbeitet. Das heißt: Die auf einem zum Rollen geeigneten Untergrund (Bambusrollo oder Leintuch) ausgelegte Wolle wird gleich nach dem Begießen mit heißer Seifenlauge (wobei hier die Seife nicht unbedingt nötig ist) eingerollt, zugebunden und hin- und hergerollt.

Dazu ist es bei dickeren Flächen jedoch nötig auf dem Rollo/Leintuch zuerst die Muster und darauf die Hintergrundwolle auszulegen. Dadurch werden die Muster auf dem Untergrund fixiert. Würden die Ornamente auf die Hintergrundwolle gelegt, würden sie beim Einrollen verschoben. Deshalb müssen die Muster spiegelverkehrt ausgelegt werden, um auf dem fertigen Filz korrekt zu erscheinen. Bei dünneren Stoffen wie etwa der Meterware kann auf den Bambusrollo auch zunächst die Hintergrundwolle ausgelegt und darauf die Muster gestaltet werden.

Ob nun für dickere Flächen die Muster zuunterst spiegelverkehrt oder bei dünnen Stoffen die Muster auf die Hintergrundwolle gelegt werden, bleibt sich für die prinzipielle Technik im weiteren Verlauf gleich:

Die luftig-weiche Woll-Wolke wird heiß begossen (beim Rollfilzen ist die Seife nicht erforderlich, beschleunigt aber den Filzprozess). Die Wolle sollte feucht sein, aber nicht im Wasser schwimmen.

Bei sehr großen Flächen ist ein «harter Kern» (Holzpfahl, Eisenrohr) in der Rolle erforderlich (siehe Seite 19). Damit die Wolle beim Einrollen nicht verschoben wird, muss der Pfahl auf den Rand der Wolle gelegt werden. Dann wird die über die ausgelegte Wolle überstehende Bambusmatte um den Pfahl gelegt und schließlich das ganze Paket eingerollt. Beim Auslegen der Wolle auf den Bambusrollo sollte deshalb darauf geachtet werden, dass an einer Seite (an der dann mit dem Einrollen begonnen wird) die Wolle etwa 15 bis 20 Zentimeter vom Ende des Rollos ausgelegt wird, je nach Dicke des harten Kerns. Der Rollorand sollte an dieser Seite nicht zu breit sein, weil er sich sonst nicht schön um den Pfahl legen lässt. Die Matte wird nun eng um den Kern gerollt und am Ende mit Schnüren fest zugebunden oder von starken Gummis am Aufwickeln gehindert.

Diese Arbeitsschritte sollten relativ zügig geschehen, damit die Hitze in der Rolle erhalten bleibt.

Schließlich beginnt die eigentliche Arbeit: Der Filz muss hin- und hergerollt werden. Hier gehen Filz- und Walkprozess in der gebundenen Filzrolle kaum wahrnehmbar ineinander über. Am Anfang muss noch sehr vorsichtig gerollt werden. Bei dünnen Flächen mit gut filzender, feiner Merinowolle kann die Rolle nach etwa 15 Minuten geöffnet werden, bei dickeren Stoffen erst nach etwa 30 Minuten. Die Dauer des ersten Filzens hängt auch von der Art des Musters ab: Muster aus gelegten Wollflocken verbinden sich schneller als feste Vorfilzornamente. Kleine Falten und Verschiebungen im Stoff werden jetzt reguliert, d.h. behutsam mit den Handflächen auseinandergezogen. Die Fläche wird dann nochmals ganz flüchtig heiß begossen, von der anderen Seite her eingerollt und gewalkt. Im weiteren Verlauf wird die Rolle immer wieder geöffnet und dabei die Walkrichtung verändert: der Stoff wird umgedreht und gewendet. Sind Fläche und Muster fest verbunden, kann es hilfreich sein, das abgekühlte Wasser nach jedem Walkvorgang auszuwringen oder die Fläche zu schleudern. Der Schrumpfungsprozess wird so erheblich beschleunigt, wenn das frische, ganz heiße Wasser durch das Restwasser nicht gleich abgekühlt wird.

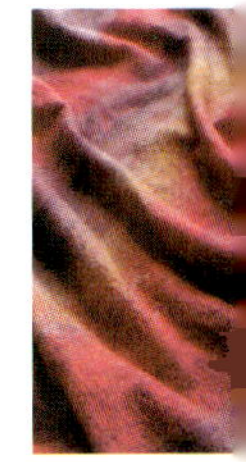

Eine große, mit Lauge begossene Fläche wird um einen Pfahl eingerollt (links) ...

... und ähnlich den traditionellen Vorbildern mit Schnüren gebunden und gerollt

Linke Seite: Maulbeerseide auf Merino-Kammzug

Fremde Fasern in Filz

Eine weitere interessante Möglichkeit der Oberflächengestaltung größerer Filzbahnen stellt die Verwendung fremder Materialien dar. 10 bis 30 Prozent filzfremder Fasern können in die Wolle mit eingearbeitet werden. Selbst nicht filzende Pflanzenfasern (Leinen, Baumwolle, Ramie ...), Kunstfasern und Seide eignen sich für allerlei Spielereien und Effekte. Die experimentelle Oberflächengestaltung ist ein großes, weites, noch zu bepflügendes Feld, das hier nur mit einem Ausblick angedeutet werden kann.

Fremde Fasern: Seide, Mohair, Leinen, Baumwolle

Nähmaschine
Nachdem sich Filz problemlos nähen lässt, liegt es nahe sich aus der Meterware Kleidung zu schneidern: ein Kinderjäckchen, eine Weste, einen Mantel. Doch Vorsicht! Filz ist – bedingt durch seine Struktur – in der Regel kein weich fallender, fließender Stoff. Nicht alle Schnittvorlagen eignen sich deshalb für eine Umsetzung in Filz.

Für fließende Filzstoffe kann man sich einer ganz besonderen Technik bedienen: Die Dicke der ausgelegten Wolllagen kann ohne Einbußen für die Stabilität des fertigen Stoffes verringert werden, wenn die Wolle mit anderen Geweben kombiniert wird. So kann auf dünn ausgezupfte Wolle ein Baumwoll- oder Seidenchiffon, Gaze oder feine Strickware gelegt werden. Mitunter genügt bei dieser Verbindung auch nur eine Lage Wolle, wenn sie denn sehr gleichmäßig ausgelegt ist. Es kann auch ein dünnes, sehr gleichmäßiges Wollvlies verwendet werden. Es wird dabei in der traditionellen Rolltechnik gefilzt (siehe Seite 56).

Die Wollfasern dringen beim Filzen durch diese losen Gewebe und verbinden sich damit zu einem festen Stoff. Natürlich können zuunterst Muster gelegt werden, die später den fertigen Stoff zieren. Je nach Verwendungszweck können die Gewebe auch zwischen Wolllagen eingebettet werden, wenn die «fremden» Stoffe auch auf der Rückseite unsichtbar bleiben sollen.

Diese Technik eignet sich auch für Effekte. So können auf dem Gewebe nur einige ausgewählte Stellen mit Wolle belegt und gefilzt werden.

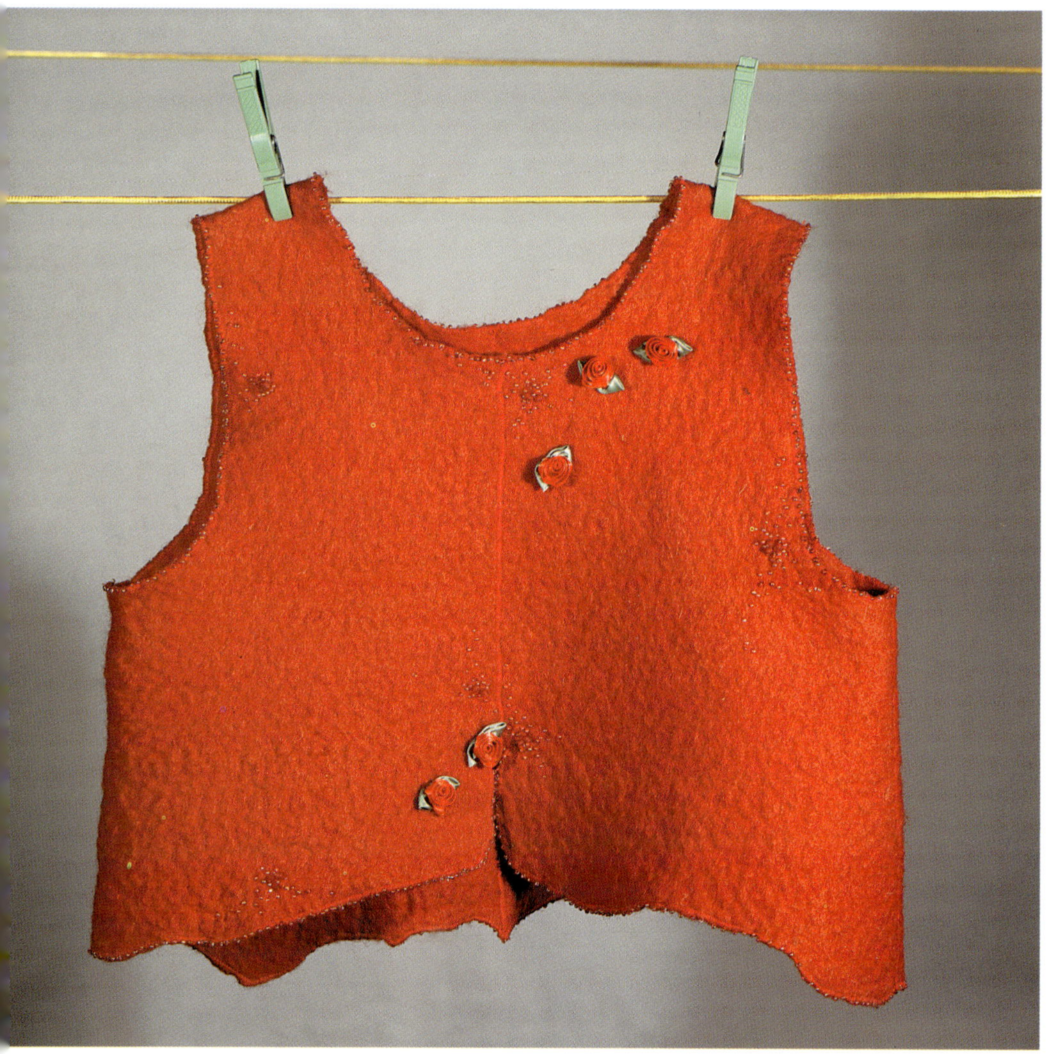

Mit Glasperlen und Blüten besticktes Kinderwestchen

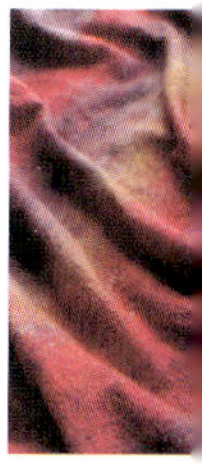

Teddys Fell einmal anders
Genauso wie Kleidung können auch Spielzeuge nach einem Schnitt genäht werden. Schnittvorlagen für sämtliche Spieltiere gibt es im Buchhandel oder in Handarbeitsgeschäften.

Margarete Steiff, die Mutter so vieler Teddybären, hat von Anfang an die Vorzüge des Filzes als Pelz für ihre Teddys erkannt. Ihre frühen Werke, die aufgrund ihrer kunsthandwerklich brillanten Arbeitsweise inzwischen zu sehr kostbaren Raritäten wurden, waren aus reinen Wollfilzen. Beliefert wurde sie dabei aus ihrer Heimatstadt, von den Vereinigten Filzfabriken Giengen an der Brenz, die heute noch Industriefilze für alle Ansprüche herstellen und auch Joseph Beuys mit Filz versorgt haben.

Heute hat sich die Firma Steiff für ganz besondere Bärenexemplare wieder auf den Wollfilz der ersten Stunde besonnen und eine Neuauflage mit Filzbären herausgebracht.

Aus handgefilzten Stoffen genähte Bären

Berühmte alte Vorbilder aus der Werkstatt von Margarete Steiff

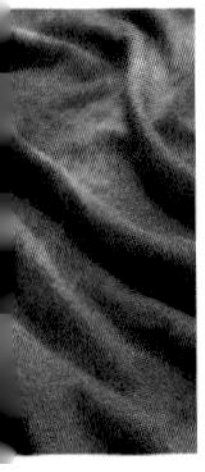

Tiere und Figuren nach Schnittvorlagen zu nähen erfordert einige Einarbeitung und gute Nähkenntnisse. Handgearbeitete Filzflächen zu verarbeiten hat dabei einen besonderen Reiz, weil durch die Möglichkeiten der Bemusterung und Farbgebung Neues und Ungewöhnliches entstehen kann. Natürlich kann man versuchen der natürlichen Fellfarbe des Tieres nahe zu kommen. Mit der Wolle, einem Naturfellprodukt mit den unterschiedlichsten Farbschattierungen, ist dies gut zu erreichen. Über das Natürliche hinaus ermöglicht die Handfilzgestaltung aber auch ein ganz neues Mustern von Tierfellen und Figuren. Warum also nicht einmal ein farbiges Fell, ein getupftes Häschen oder einen kunterbunten Hund gestalten?

Für die weiter zu bearbeitenden Flächen können alle gut filzbaren Wollqualitäten verwendet werden. Die Wolle sollte jedoch nicht hart und voller Grannenhaare sein. Schließlich wird ein Stofftier herzlich gedrückt und gekost. Durch intensive Bewegung können sich die harten, steifen Grannenhaare wieder aus dem Filz herausarbeiten und der Stoff wird mit der Zeit brüchig. Von Karakulwolle etwa ist deshalb abzuraten. Zu bedenken ist, dass so ein Tierchen oft aus kleinen Teilen besteht (Ohren, Schwanz), die gewendet und ausgestopft werden müssen. Deshalb sollten möglichst dünne Filzflächen angestrebt werden.

Einfacher zu arbeiten als ein mit Füßen, Ohren und Schwanz ausdifferenziertes Tier, sind ausgestopfte Filzobjekte, die, wenn sie ganz weich und griffig sein sollen, oftmals besser zu nähen und weich mit Schafwolle zu stopfen sind, als durch und durch in Filz zu arbeiten: Spieluhren in allen Formen, Greifspielzeuge, Bälle oder Würfel, stilisierte Püppchen usw.

Dabei ist die am häufigsten gestellte Frage: «Was geschieht, wenn ein Baby das Filzobjekt in den Mund nimmt? Fusselt das nicht?» Von einem gut gearbeiteten Filz gehen genauso viel oder wenig Haare ab wie von anderen Textilien.

Auch wenn handgearbeiteter Filz nicht für jede Art von Kleidung geeignet ist, stellt er für Kinder ein wunderbares Handarbeitsmaterial dar. So können klitzekleine Kleidungsstücke von den Kindern einfach genäht werden: Ein Westchen für den Bären, ein Kleid für die Puppe, ein Hut oder Pantoffeln für das Zwergenvolk.

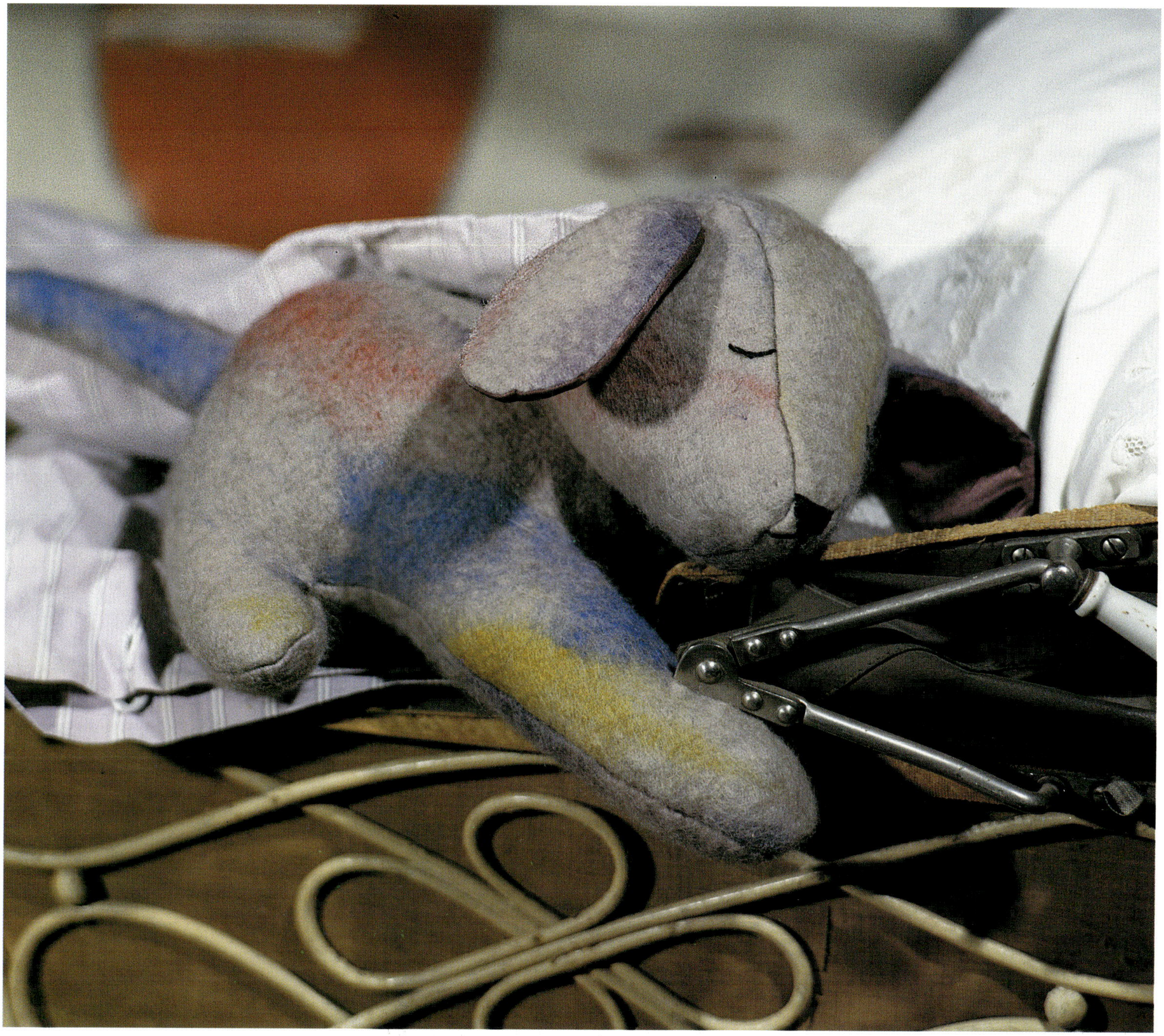

Schlafender Hund,
aus farbiger Filzfläche genäht

Spielflächen – Wiesen und Seen für Holzpferdchen und Co.

Pferde springen über die Wiese, Kühe fressen auf der Weide, ein Schäfer hütet seine Schafe, Enten und Schwäne tummeln sich im Teich und ein Schiffchen schippert auf einem Fluss. Filzflächen können der Grund und Boden für Holzpferdchen und andere Tiere, für Bauwerke aus Bauklötzen oder einfach nur eine schöne Dekoration auf einer Fensterbank sein.

Kleine, dünne Kinderteppiche werden so zu Spielflächen mit allerlei gestalteten Landschaften. Im Spiel der Kinder – vor allem zwischen dem dritten und fünften Lebensjahr – taucht immer wieder das Motiv auf, den Dingen einen Rahmen zu geben, sie zu begrenzen. So werden mit Bauklötzen oder Steinen Zäune und Mauern gebaut, oftmals am Rand eines Teppichs. Die Kinder wollen sich Räume abstecken und erschließen. Nicht nur im Spiel. Sie wagen auch die ersten Schritte weg vom trauten Heim hinaus in die Welt – etwa in den Kindergarten – und erobern sich dort neue Lebens-Räume. Sie hängen nicht mehr so oft an Mutters Rock- oder Vaters Hosenzipfel, gehen erste eigene Wege. Um so wichtiger für das Kind ist es diese Bereiche zu überblicken, überschaubar zu halten und sie zu gestalten.

Kleine Filzflächen und Spielteppiche im Kinderzimmer sind auch ein extrem wandelbares Spielzeug. Neben der Weide fürs Pferdchen sind sie eine prächtige, wärmende Sitzunterlage für die Kinder selbst, genauso schnell eine Kutsche, die auf einem glatten Parkettboden an einer Schnur gezogen durch die Wohnung flitzt, oder manchmal nur «große Steine im Wasser», auf denen die Kinder von einem zum anderen springen.

Was die Besonderheiten der Technik beim Herstellen solcher Spielflächen anlangt, steht neben den Mustermöglichkeiten und der Wahl der unterschiedlichen Farbschichten besonders die Randgestaltung im Vordergrund. Die Muster ergeben sich aus gelegten Wollflocken: Zu winzigen Punkten verdrehte bunte Wollfasern lassen dichtgedrängt auf grünem Grund eine Blumenwiese vermuten und graue Wollpunkte können Kieselsteine am Ufer eines Sees sein.

Besonders interessante Effekte entstehen durch unterschiedlich farbige Wolllagen. Die zwei ersten Lagen in Braun, zwei mittlere Lagen in Grün und die zwei obersten Lagen in Hellgrün machen die Spielfläche zum Wendeteppich: Herbstlicher Acker auf der einen – Frühlingswiese auf der anderen Seite. Jedoch immer bedenken: Weil sich die Fasern beim Walken durch den Stoff wirken, mischen sich die Farben der verschiedenen Schichten.

Interessant ist es mit Flöckchen und Farben zu spielen und innerhalb der einzelnen Lagen unterschiedliche Farben zu verwenden. Dadurch entstehen Farbnuancen und -abstufungen.

Bei der Randgestaltung der Spielflächen sollten wir uns von der Natur leiten lassen. Kein See hat eckige oder streng gerade Ränder; eine Wiese geht sanft in Buschwerk oder unregelmäßig in Wald über. Die Spielfläche als Rechteck zu gestalten ist vielleicht nur dann sinnvoll, wenn sie wie ein dünnerer Teppich mit größeren Ausmassen gearbeitet wird. Ansonsten werden sich «natürliche», unregelmäßige Formen anbieten.

Werden nur kleine Flächen gemacht (ein Wiesenstück, ein Teich, eine Insel) so wird genauso wie beim Bastelfilz gearbeitet (siehe Seite 51f). Die Wolle wird auf einer Gummimatte in dem gewünschten unregelmäßigen Umriss ausgelegt und mit Mustern obenauf gestaltet. Nach dem Begießen mit heißer Seifenlauge wird die Wollfläche mit den Handflächen abgesenkt, mit einer zweiten Matte bedeckt und gewendet. Auf der Rückseite der Fläche werden nun die Randfasern etwa vier Zentimeter breit zur Mitte hin umgeschlagen. An dieser Stelle kann die Kontur der Fläche noch korrigiert und in die gewünschte Form gebracht werde. Die umgeklappten Fasern verstärken den Rand des kleinen Teppichs. Dann wird weitergefilzt und -gewalkt wie auf Seite 44 beschrieben.

Die Spielflächen müssen der Beanspruchung im Spiel standhalten können. Die Kinder werden darauf knien, rutschen, liegen, balgen... Die Fläche wird heftig strapaziert und mitunter schmutzig. Deshalb muss sie hart gewalkt werden, damit sie zum einen gegen Abrieb gefeit ist, zum anderen unkompliziert mit der Buntwäsche in der Waschmaschine gewaschen werden kann. Mit einem nicht ausreichend verwalkten Stück kann man dabei sein blaues Wunder erleben: Anstatt eines Seerosenteiches kommt eine Pfütze aus der Waschmaschine.

Mit diesem Anspruch des ganz fertig gewalkten Filzes muss eine hohe Schrumpfung einkalkuliert werden. Deswegen stößt man beim Arbeiten mit einer Gummimatte schnell an die Grenzen des Machbaren. Größere Spiellandschaften werden deshalb in der selben Technik wie Teppiche gearbeitet.

Kleine Spielflächen

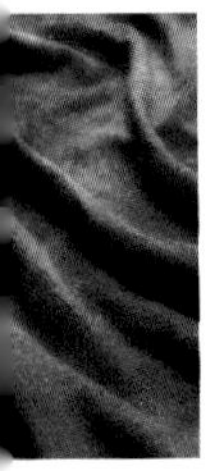

Teppiche – über die Wohn- und Wärmequalität gewalkter Wolle

Anstatt kleiner Flächen können für das dauerhafte Betreten auch größere, dicke Teppiche geschaffen werden. Bezüglich der Wohn- und Wärmequalität ist ein Woll- und damit auch ein Filzteppich durch kein anderes Material zu übertreffen. Babys – und das wissen nicht nur die Fotografen – reagieren ausgesprochen positiv auf wollige Naturprodukte. Schaffelle sind nicht nur für die Kleinsten angenehm, auch Erwachsenen garantieren sie neben schurwollenen Unterbetten und Decken erholsamen Schlaf. Die heilsame Wirkung von Schafwolle wird etwa bei Rheuma oder Venenentzündungen geschätzt. Sitzkissen aus Filz sind auf Waldspaziergängen unkompliziert zu transportieren, erleichtern die Annäherung an unwirtliche Parkbänke und bewähren sich auf so mancher matten Spielplatzrutsche als «Flitzkissen». Wohlige Wärme strahlt der wollene Filzteppich auch im geschlossenen Raum aus – sowohl am Boden als auch als Wandgestaltung.

An Motiven ist durch die unkomplizierte Möglichkeit, Filze zu bemustern, kaum eine Grenze gesetzt. Für Kinderteppiche können die Themen der Spielflächen um Strassen, Felder, Wege und Flüsse erweitert werden. Aus den Blumenwiesen können üppig «blühende Beete» oder Teppiche mit Motiven aller Art entstehen.

Für Ornamente und Muster, die mit scharfen Umrissen von der Hintergrundwolle abgegrenzt sein sollen, wird mit Vorfilzen gearbeitet (siehe Seite 54f). Bei den dicken Flächen ist zu bedenken, dass auch die Vorfilze stärker sein müssen, weil sonst im Walkprozess die Farbintensität von der Hintergrundwolle verschluckt wird. Je dicker der Vorfilz ist, desto stärker hebt er sich reliefartig von der fertigen Fläche ab. Dies kann umgangen werden, indem beim Auslegen die Flächen zwischen den Vorfilzmustern zunächst mit einer dünnen Schicht Hintergrundwolle gefüllt werden, bevor die gesamte Fläche ausgelegt wird. Andererseits können die herausragenden Muster auch einen gewünschten Effekt ergeben.

Diese Mustertechnik mit Vorfilzen wird seit Jahrhunderten in der Türkei praktiziert. Der Filz (türkisch *keçe*) wird heute nur noch in wenigen Werkstätten von Männern handwerklich hergestellt. Die zum Teil äußerst filigranen Muster werden aus Vorfilzen ausgeschnitten und auf einer Binsenmatte zu traditionellen Ornamenten ausgelegt. Darüber wird mit dem bereits erwähnten *cubuk*, einer Art Handrechen, Hintergrundwolle zunächst relativ dünn verteilt. Dann wird die Matte zusammengerollt. In einem ersten Filzprozess werden das Muster und die erste Lage Hintergrundwolle miteinander lose verbunden. Heute bewerkstelligen das zumeist einfache Maschinen. Die Matte wird schon bald wieder aufgerollt und es wird eine dickere Schicht der Hintergrundwolle mit dem *cubuk* auf der Rückseite des Teppichs verteilt. Diese Technik hat den enormen Vorteil, dass zu Beginn des Filzprozesses nur eine relativ dünne Wollschicht auf den Mustern liegt und diese beim ersten Einrollen und Anfilzen nicht so leicht verschoben werden wie in einer dicken Filzrolle. Erst in einem zweiten Arbeitsschritt, wenn die zweite, dickere Lage Hintergrundwolle aufgetragen ist, erhält der Teppich seine nötige Dicke. Schließlich geht das Walken in der jetzt wesentlich dickeren Rolle weiter, zumeist in einer größeren Maschine. Bei neueren Modellen ist eine kleine Dampfmaschine angeschlossen, die den Filzprozess wesentlich beschleunigen hilft. Die fertigen Teppiche sind nicht selten bis zu zwei Zentimeter dick.

Kirgisischer Teppich
mit durchsteppten Musternähten

Große Flächen oder Teppiche müssen an den Rändern verstärkt werden. Dafür gibt es eine recht einfache Methode, mit der zugleich die Ränder gerade werden: Nach dem ersten Öffnen der Rolle werden die Fasern an den Rändern etwa vier bis fünf Zentimeter nach innen umgelegt. Diese umgelegten Fasern können mit etwas Seifenlauge und zarten Streichbewegungen der Hände festgefilzt werden. So lässt sich zum einen die Form des Randes gestalten, die Kanten werden aber auch durch die umgeklappten – und damit doppelt gelegten – Fasern verstärkt.

Anschließend wird die Fläche nochmals flüchtig heiß begossen, von der anderen Seite wieder eingerollt und das Walken geht weiter. Nach jedem Öffnen wird der Teppich gedreht, gewendet und die Walkrichtung geändert.

Die Rolltechnik wird in allen osteuropäischen und asiatischen Ländern von alters her angewendet. So arbeiten etwa die nomadischen Steppenvölker ihre Teppiche und die Stoffe für ihre Filzzelte. In der Mongolei wird statt eines Bambusrollos oft ein großer alter Filzstoff, ein sogenannter «Mutterfilz», als Untergrund verwendet. Um sich ein stundenlanges Walken mit den Armen zu ersparen, lassen die Nomaden die Filzrolle von Pferden oder Kamelen über die Steppe ziehen.

Häufig werden die schweren Filzrollen aber auch auf dem Boden mit den Füßen gerollt. Zwei oder mehr Personen gehen nebeneinander im Gleichschritt und stossen bei jedem Schritt mit dem Fuß die Rolle vor sich her.

Filzteppich mit Mustern
aus Vorfilz

Sticken auf Filz

Die fest verwalkten und doch durchlässigen Wollfasern des Filzes bieten sich geradezu an, um mit Stickereien verziert zu werden. Stickstiche sind auch eine wunderbare Möglichkeit Formen und Motive in einem gestalteten Filzteppich, -wandbehang oder -stoff hervorzuheben.

Speziell für kleine Kinder ist es einfach auf Filz zu sticken. Er muss nicht in einen Stickrahmen eingespannt werden, ist formstabiler als ein fließender, gewebter Stoff und lässt sich deshalb von kleinen Händen leicht halten. Trotz der Dichte der verwalkten Wollfasern lässt sich der Filz leicht mit einer spitzen Nadel durchstechen.

Auch die Filzstickerei hat in den asiatischen Ländern eine Jahrtausende lange Tradition. Das geschieht aber nicht nur aus reinen Dekorationszwecken. Dadurch, dass die Filze in engen Linien regelrecht durchsteppt werden, gewinnen sie auch an Stabilität – der Abrieb verringert sich durch die Nähte.

Ein indischer *numdah*

Stepp- und Ziernähte
auf einem kirgisischen Teppich

Bei den Völkern in der Mongolei gibt es eine reiche Formen- und Artenvielfalt von mit Stickereien verzierten Teppichen. Die Torguten etwa besticken ihre naturweißen, bis zu zwei Zentimeter dicken Filzteppiche mit dichten Steppnähten. Die gesamte Oberfläche wird dabei von Linien durchzogen, die traditionelle Zeichen und Ornamente darstellen. Der Faden ist handgesponnenes, ungefärbtes Kamelhaar, das sich von dem weißen Untergrund nur wenig abhebt. Durch die festen vertieften Stiche erhält die Oberfläche dennoch eine schöne Zeichnung durch Licht- und Schatteneffekte. Einzelne Ornamente werden mitunter besonders hervorgehoben und in schwarzem Ziegenhaargarn gestickt.

Die Kirgisen und Kasachen arbeiten Teppiche mit sehr filigranen und komplizierten Mustern, wobei die kirgisischen Teppiche kleinere Ornamente und mehr Farben aufweisen. Das Besondere: Die Muster werden aus fertigen Filzen ausgeschnitten und zusammengenäht. Diese Technik wird als Inkrustation, Mosaik- oder Intarsienstickerei bezeichnet. So werden aus zwei unterschiedlich farbigen Filzen identische Formen ausgeschnitten und in die entstandenen Musterlöcher des jeweils anderen Filzes gelegt. Der interessante Positiv-Negativ-Effekt lässt die Muster einmal hell und einmal dunkel erscheinen. Die Muster werden Kante an Kante zusammengenäht. Ist eine zusammenhängende Fläche entstanden, werden die vernähten Muster auf einen dritten, dickeren und etwas gröberen Filz mit Ziernähten aufgesteppt. Die Nähte, die die Muster verbinden, werden mit einer dickeren Wolle in einer Kontrastfarbe überstickt. Dadurch wird der Teppich zusätzlich belebt.

Mit farbenfrohen und reichen Blumen- oder Tiermotiven sind relativ dünne Filzteppiche (*numdah*) in Kaschmir, einem Gebiet in Nordindien, verziert. Die Tamburstickereien haben bei diesen Exemplaren ganz besonders die Funktion den Filz zu verstärken und haltbarer zu machen. Zumeist wird der weißen Schafwolle für den Filz nämlich Baumwolle beigemischt, was die Stabilität stark beeinträchtigt.

3 Der Ball

- Ein Ausflug in die Menschheitsgeschichte
- Harter Kern, Schneeball, Kartoffelknödel – ein erster Ball entsteht
- Bälle und ihr Innenleben
- Außen hui und innen ... – Effektbälle
- Mit Kindern Bälle filzen
- Obst und Gemüse

Kennst Du
das Märchen von der Freude?
Als ein Volk nur traurig war
und ein kleines Kind lachend
einen gläsernen Ball in den Himmel warf,
ging über diesem Volk die Sonne auf,
denn die Kugel trug die Freude
eines Menschen in sich
und wurde so licht und leicht,
dass sie stetig stieg,
immer zu
bis sie oben am Himmel als Sonne stand.

Sigismund von Radecki

Bestickter Ball
aus Dänemark
um 1870

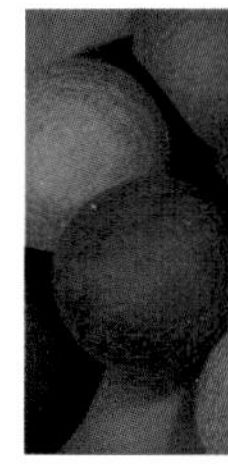

Ein Ausflug in die Menschheitsgeschichte

Ja, die Erde ist rund und die Sonne auch. Die Kugel, der Ball ist eine Grundform unseres Universums. Und der Ball als Spielzeug ist wohl kaum aus der Welt zu denken. Kaum ein Kind kommt ohne ihn aus. Im Ball drückt sich Bewegung aus, der Ball ist kullernd, rollend, fliegend, tanzend, sich drehend – Bewegung schlechthin. Im Spiel ist der Ball seit jeher ein fester Bestandteil. In geschichtlichen Abhandlungen zum Spielzeug findet sich aber nur sehr wenig über den Ball. Zu banal, zu einfach erschien er wohl Historikern und Pädagogen, um in der langen Liste der Spielzeuge einen bedeutenderen Platz einzunehmen. Dabei war er seit jeher ein Spielzeug von Arm und Reich, von Kindern und Erwachsenen aller Schichten auf der ganzen Welt.

Heute ermöglicht der Ball sogar ungeahnte Karrieren: vom Straßenjungen in den Armenvierteln Brasiliens zum Einkommensmillionär und Liebling der fußballbegeisterten Welt. Wann der erste Ball mit dem Fuß getreten wurde und sich daraus ein Spiel entwickelt hat, vermag wohl niemand zu sagen. Bereits die Kelten hatten Blasen von Schafen und Ziegen für ein frühes Fußballspiel benutzt. Heute steht der Ball im Zentrum eines Millionengeschäftes, sei es im Fußball- oder Tenniszirkus, sei es beim Basket- oder Baseball.

Doch neben nachziehbaren Holzpferdchen oder -elefanten, Rasseln mit verzierten Rasselkörbchen, filigranen Puppenstuben oder den ersten Technikbaukästen und Elektroeisenbahnen verblasst der Ball und findet sich – unspektakulär wie dieses wohl älteste Spielzeug des Menschen ist – selbst in Spielzeugmuseen kaum in den Ausstellungsvitrinen. Dass der Ball im Kinderspiel und der Erziehung seit langem eine Rolle gespielt hat, darüber gibt es einige spärliche Quellen.

Schon vor 4000 bis 5000 Jahren bekamen ägyptische Kinder als Spielzeug Bälle, Tiere auf Rädern und Puppen. Die Bälle waren kaum prall aufgeblasene Hohlkörper wie in unserem heutigen Sinn. Dagegen gab es die unterschiedlichsten Arten von kleineren Kugeln, teilweise aus glasiertem Ton oder Mischmasse hergestellt. Im alten Ägypten wurden Ballspiele zu Geschicklichkeitsspielen für Jung und Alt entwickelt. So gab es Tennisbälle, große Wurfbälle aus bemaltem Holz oder einer Mischung von Papyrus und Schilf. Auch mit bemaltem Rohr überzogene Stoffbälle wurden in altägyptischen Gräbern gefunden. Sie wurden wohl den Toten zum Zeitvertreib beigegeben. Ähnliche Bälle haben Indianerstämme aus Tierhäuten hergestellt. Es darf aber angenommen werden, dass zu Bällen verfilzte Tierhaare noch wesentlich älter sind, sich jedoch wegen des relativ kurzlebigen Materials nicht erhalten haben.

Auch in einer der grundlegenden, großen epischen Dichtungen des Abendlandes, Homers «Odyssee», findet sich ein Ball mit durchaus durchschlagender Wirkung. Der griechische Dichter beschrieb im 8. Jahrhungert v. Chr., wie Nausikaa, die Tochter des Königs Alkinoos, nach einem Bad im Meer mit ihren Mägden Ball zu spielen begann. Als die Königstochter den Ball nach einer Magd warf und diese verfehlte, fiel er in die Flut. Die Mädchen schrien auf, wodurch der durch ein Schiffsunglück stark gebeutelte, schlafende Odysseus erwachte. Durch die Begegnung Nausikaas mit dem irrenden Helden nimmt das Epos eine seiner zahlreichen drastischen Wendungen – und das wegen eines Balles.

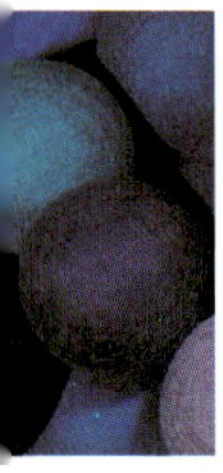

Vor rund 2500 Jahren kannten die klassischen Griechen in ihrer Körpererziehung verschiedene Ballspiele wie «Wandball, Fangball, Dreiecksball, Wurfball, ja sogar eine Art Hockey, das mit einem Krummholz gespielt wird. Sie waren eine übliche Beschäftigung der jungen Athleten zusammen mit anderen Sportarten. Aber sie wurden nur als Vergnügen betrachtet, höchstens als gymnastische Übungen. Aber das waren keine wirklichen Sportarten. Sie haben in der Gunst der Griechen nie jene Stelle eingenommen, die bei den modernen Völkern das Rugby oder Basketball haben. Wir sehen sie nirgends im Programm der großen sportlichen Spiele auftreten.» (Marron Henrie-Irénée: Geschichte der Erziehung im klassischen Altertum, Paris 1955)

Der Ball war von jeher für jede Altersstufe ein begehrtes Spielobjekt. Allem, was sich bewegt, schenkt der Mensch von Beginn seines Lebens an größte Aufmerksamkeit. Der Inbegriff des Bewegungsspielzeugs wird im Menschenleben spätestens dann interessant, wenn ein auf dem Bauch liegendes Baby dem Ball hinterherschauen kann und dieser gar noch Geräusche von sich gibt. Für das Kleinkind ist es spannend einen auf sich zurollenden Ball zu fixeren, das Greifen oder Fangen des Balls kommt erst später.

Und der Ball ist geduldig, er wächst wie kaum ein anderes Spielzeug mit den Kindern mit, er spielt in jeder Generation eine Rolle: vom Rasselball des Babys bis zu den Kugeln Boule-spielender Senioren in französischen Parkanlagen. Und immer hat der Ball etwas Verbindendes. Ob das Kleinkind in einer Art «Urspiel» den Ball aus seinem Bettchen wirft, damit ihn die Eltern wieder aufheben und zurücklegen, Völkerball- oder Fußballspiele, Boule oder Boccia – Ballspiele sind zum größten Teil Mannschafts- oder Gemeinschaftsspiele. Und sie sind in hohem Maß Geschicklichkeitsspiele, wenn es etwa gilt ein Bällchen mittels eines Schlägers in einem Golfloch zu versenken oder einen Ball an die Wand zu werfen, gleichzeitig einen Reim herzusagen und vor dem Fangen ein- oder mehrere Male zu klatschen.

Ball mit Tambourstich bestickt

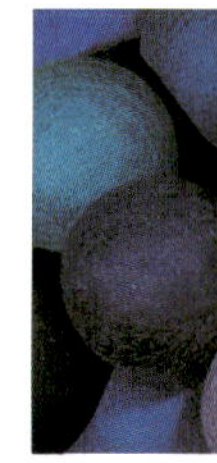

Haarige Angelegenheiten – Filzbälle in der Natur

Der Ball als solches ist nichts vom Menschen Erfundenes und der Filzball schon gar nicht. Er hat mitunter recht spaßige, perfekt «gearbeitete» Vorbilder in der Natur. Vom Menschen entdeckt, wurden diesen Naturfilzbällen wegen ihrer geheimnisvollen Herkunft oft Heil- oder Zauberkräfte nachgesagt.

Seeball

Dort wo rhythmische Bewegung seit Jahrmillionen stattfindet, die Gezeiten ihre mächtige Kraft demonstrieren und schon lange bevor der Mensch oder ein ihm auch nur annähernd verwandtes Geschöpf die Erde bevölkerte, formte das Meer die wohl erstaunlichsten Filzbälle, die sogenannten «Seebälle». Vor allem an den Stränden des Mittelmeeres wirbeln die bis zu Tennisball großen Kugeln im Spülsaum der Gischt. Im immer gleichen Rhythmus der Wellen verfilzt das Meerwasser die abgestorbenen Fasern der Wurzelstöcke des Neptungrases (*Posidonia oceanica*) zu kugelrunden oder leicht ovalen Seebällen. Das Neptungras ist eine Seegras-Art, die an offenen Stränden in bis zu 40 Metern Wassertiefe in großflächigen Wiesen wächst. Die bandförmigen Blätter des Neptungrases können bis zu einem Meter hoch werden und wachsen in Büscheln aus einem braunen Wurzelstock, der an der Oberfläche des Meeresbodens einem Rasierpinsel nicht unähnlich ist. Sterben die Gräser ab und werden die Wurzelstöcke an den Strand gespült, so verfilzen sich die einzelnen Fasern der «Rasierpinsel» durch die ständige Hin- und Herbewegung der Wellen und der Reibung auf dem Strand zu einem festen, nicht mehr zu lösenden Ball. Dieser «Arbeitsprozess» nimmt etliche Zeit in Anspruch, schließlich hat es das Meer nicht mit leicht filzender Schafwolle, sondern mit Pflanzenteilen zu tun. Doch das Meer ist geduldig. Durch die rauhe Oberfläche der Fasern bleibt der Seeball dennoch fest und dauerhaft bestehen. Weil die Menschen früher so gar keine Ahnung hatten, wo die geheimnisvollen Bälle wohl hergekommen sein könnten oder wer sie geschaffen haben mag, haben sie den Seebällen Heilkräfte zugeschrieben.

Seebälle am Mittelmeer

Bezoar

Andere Filzball-Beispiele finden sich im Tierreich, wobei sich vor allem der Magen von Säugetieren als kleine Filzwerkstatt erweist. Bezoar werden im Fachbegriff Haarballen im Magen oder Darm genannt, die aus unverdaulichen Pflanzenfasern, häufig jedoch aus verschluckten Haaren geformt werden. Je nach Aufenthaltsdauer im Verdauungssystem der Tiere kann der Bezoar ein sehr fester, kreisrunder Filzball werden. Bällchen aus verschluckten Haaren oder Fusseln finden sich gelegentlich auch im Magen von Kleinkindern.

Unter anderem wegen der runden Filzkugeln wurde der Steinbock in den Alpen bis vor einigen Jahren fast vollständig ausgelöscht. Die sogenannten Bezoarsteine, runde Kugeln aus Haaren, Harzen und Steinchen, die sich im Steinbockmagen verfilzen, sollten gegen Krebs helfen. Auch der Kälbermagen formt schöne Haarbälle. Kälber, die ausschließlich im Stall mit Milch gemästet und nach einem Jahr geschlachtet werden, fressen gern ihre eigenen Haare. In den Mägen werden sie zum Teil interessant gezeichneten Filzbällen geformt. Diese Haarbälle können einen Durchmesser von bis zu 15 Zentimeter haben und 750 Gramm schwer sein. In Norwegen, dem Land der Trolle, hießen solche Bälle «Trollkatzen». Dem Aberglauben nach sollen manche Menschen, es waren wohl Hexen, mit diesen Trollkatzen Schaden angerichtet haben. Der Haarklumpen rollte mittels welcher Magie auch immer in den Kuhstall eines Bauern, sog sich dort mit der Milch der Kühe voll und rollte zurück zur «Hexe».

Kälbermagen-Haarbälle

Gewölle

Unverdauliches fördern auch viele Vogelarten, vor allem Greifvögel und Eulen wieder ans Tageslicht. Die sogenannten Gewölle sind rundliche, leicht verfilzte Ballen, die nach Abschluss der Verdauung im Magen, mehrere Stunden nach dem Fressen durch den Schnabel ausgewürgt werden. Von der Technik für Filzer besonders interessant sind Eulengewölle, weil dabei im Filzprozess des Magens Haare der Beutetiere (etwa von Mausefellen) mit anderen Materialien wie Knochen, Zähnen oder Schnabelteilen von erlegten Vögeln verfilzt werden. Diese sind für die Eulen unverdaulich – im Gegensatz zu den Gewöllen der Greifvögel, bei denen die Knochen und andere harte Materialien großenteils verdaut werden. Doch selbst das Rotkehlchen oder der Star würgen einige Zeit nach der Mahlzeit Speiballen mit Unverdaulichem hervor. Eulengewölle sind in der Regel oval und können – etwa beim Uhu – mehr als zehn Zentimeter lang werden. Besonders fest verfilzt sind die Gewölle der Eulen jedoch nicht und sie lassen sich relativ leicht auseinanderziehen. Dennoch sind die Bällchen stabil genug, um auch noch Monate später Insekten als Nistplätze zu dienen.

Fiesler

Filzball statt Waschbürste

Die Vorbilder in der Natur wurden auch vom Menschen aufgegriffen. Dass Bälle aus Tierhaaren geformt und verfilzt wurden, dürfte schon eine Jahrtausende alte Geschichte haben. Diese Tradition hat sich sogar bis vor etlichen Jahrzehnten erhalten. In manchen Heimatmuseen liegen zwar solche von den Ahnen gefilzte Tierhaarkugeln – wozu sie gut gewesen sein mögen, darüber gibt es aber nur noch wenige Erkenntnisse. Ein Verwendungszweck war sicherlich auch das Spiel der Kinder, auf das im Folgenden ausführlich eingegangen wird.

Recht erstaunlich und stellvertretend für andere erscheint der Fiesl oder Fiesler, wie in Ostbayern ein ovaler Filzball aus Ross-, Kuhhaaren und Sauborsten genannt wurde. Die Tierhaare wurden von den Frauen auf den Bauernhöfen ohne weiteren Materialeinsatz zu einem länglichen, in der Hand gut fassbaren Ei mit einer Länge von etwa zehn Zentimeter verfilzt. Der Fiesl oder Fiesler diente unter anderem während des Zweiten Weltkriegs im Bayerischen Wald als Bürstenersatz für die Handwäsche mit dem Waschbrett.

Material / Werkzeug

Eine kleine Filzballgeschichte wiederholt sich in vielen Kulturregionen dieser Welt, nämlich die der Bauernkinder, die in den Ställen gesammelte Tierhaare mit einem tüchtigen Schuss Spucke zu kleinen harten Bällen rollen.

Diese Art der Filzball-Herstellung zeigt, dass das Filzen von Bällen kaum Hilfsmittel bedarf. Um mit Schafwolle gezielt einen Filzball zu schaffen benötigen wir nur eine Schüssel mit heißer Seifenlauge. Wie von den Bauernkindern demonstriert, können auch andere Tierhaare – etwa von Kühen, Pferden oder Ziegen – verwendet werden. Am besten eignet sich für einen Ball sicher die rasch filzende Merinowolle. Um einen Ball zu filzen wird benötigt:

- Heiße Seifenlauge, wobei anfangs, wenn die Wollflocken zart um den Ball gestreichelt werden, für die Gleitfähigkeit der Hände viel Seife erforderlich ist. Ist der Filzprozess abgeschlossen, sollte die Schüssel nochmals mit heißem Wasser aufgefüllt oder das Wasser in der Schüssel mit einem Tauchsieder erhitzt werden. Zum Walken – auch eines Balles – ist die Seife nicht mehr unbedingt nötig.
- Und ein paar Hände, die genauso gut zart streicheln wie fest zupacken und kneten können.

Einen Ball zu filzen ist leicht; einen Ball haben viele schon gemacht; damit fängt man an – möchte man auf den ersten Blick denken. Dabei ist der Ball bei weitem nicht die einfachste Übung. Er wird zum Teil als so einfach zu arbeiten eingestuft, dass ihm in Anleitungen zum Filzen nur wenig Beachtung geschenkt wird.

Einen guten Filzball zu arbeiten erfordert jedoch genauso viel Erfahrung mit der Wolle und der Arbeitstechnik wie eine Fläche. Schließlich kann ein Ball viel mehr sein als ein verfilzter Wollknäuel. In einem Ball steckt vieles – aus einem Ball kann viel werden.

Harter Kern, Schneeball, Kartoffelknödel – ein erster Ball entsteht

Am Anfang war der Ball. Er ist der Grundbaustein der meisten Formfilze und skulpturellen Arbeiten in Filz. Auf den Ball können alle möglichen dreidimensionalen Formen aufgebaut werden. Gleichzeitig ist das Formen runder Bälle in Filz die unmittelbarste Art dem Arbeitsmaterial Wolle zu begegnen – Filz- und Walkprozess werden in allen Teilschritten direkt mit den Händen erspürt.

Ein Ball entsteht

1. Vorbereiten der Wolle
   - Aus dem Vlies, dem Kardenband oder dem Kammzug werden handtellergroße Flocken für das Innenleben des Balles gezupft. Dafür kann günstige naturfarbene Wolle verwendet werden.
   - Für die Gestaltung der Balloberfläche werden – je nach Gestaltungswunsch – klitzekleine bunte Flöckchen ausgezupft. Die Wolle für Innenleben und Oberfläche muss gezupft werden, bevor die Hände nass sind, sonst werden die zarten Flöckchen feucht und lassen sich kaum mehr auf den Ball filzen.
   - Für einen faustgroßen Ball wird je nach Dichte etwa 30 bis 50 Gramm Wolle (davon etwa ein Fünftel bunte Oberflächenwolle) benötigt.

2. Wenn nicht mit einem «fremden Kern» gearbeitet wird, sondern der Ball durch und durch aus Wolle entsteht, ist es sinnvoll als Kern eine größere weiße Wollflocke wie ein Bonbonpapier zu verdrehen und zusammenzulegen. So entsteht in der Mitte ein kleiner Wollknoten, um den weiterhin die Wolle gelegt werden kann.

3. Der so entstandene Kern wird einmal in die Seifenlauge getaucht.

4. Nun wird eine naturfarbene Wollflocke um diesen Kern gewickelt. Die zweite und die weiteren Flocken werden in gekreuzter Faserrichtung um den entstehenden Ball gewickelt. Dabei sollte nicht zu straff gewickelt werden, weil es sonst den Wollfasern erschwert wird zu wandern und sich so zu verdichten. Nach jeder gewickelten Flocke den Ball in die Seifenlauge tauchen. (Ein Reiben mit den Händen oder Verfilzen ist noch nicht nötig!)

5. Wenn die gewünschte Ballgröße erreicht ist (Vorsicht: Schrumpfung einkalkulieren), werden die bunten Flöckchen der Oberflächenwolle aufgelegt und jeweils mit einem vorsichtigen Schöpfer Seifenlauge an den Ball «geklebt».

6. Wenn alle Farbflocken dort sitzen, wo sie sitzen sollen, beginnt der Filzprozess, auch Schneeball- oder Semmelknödelphase genannt, weil nun eine ganze Zeit lang nur zärtlich, aber bestimmt gedrückt werden darf, immer mit dem Bestreben den losen Wollflockenball zusammenzuhalten. Über die Oberfläche darf noch nicht gestrichen werden und auch die Fingerkuppen dürfen nicht tätig werden. Vielmehr wird der Ball, von den Handflächen umschlossen, zart gedrückt, wobei die Hände etwas vibrieren. In diesem Stadium passieren die häufigsten Fehler, wenn zu schnell gearbeitet und mit spitzen Fingerkuppen die Wolle heruntergestrichen wird, die sich dann aus lauter Verzweiflung zu diversen Schnüren, Zipfeln und Henkeln zusammenrottet.

7. Die leicht vibrierenden Bewegungen der Handflächen, die sich um den Ball formen, können zu kleinen Rollbewegungen übergehen, die mehr und mehr verstärkt werden, je mehr sich die Oberflächenfasern der Wolle miteinander verbinden.

Bälle und ihr Innenleben

8. Ist die Oberfläche spürbar gut verbunden, ist der Filzprozess abgeschlossen. Jetzt kommt es beim Walken darauf an von außen nach innen zu arbeiten. Um die Kraft in die Mitte des Balls zu bringen, darf nach und nach mit aller Kraft regelrecht geknetet werden. Nun verbinden sich auch die zunächst nur gewickelten Fasern im Inneren des Balles. Der Ball kann dabei auch verformt und flachgedrückt und von allen Seiten zusammengepresst werden.

9. Der Ball ist fertig, wenn er einigermaßen hart ist, die Fasern der farbigen Oberflächenwolle so verbunden sind, dass keine Faserrichtung mehr sichtbar ist, und einzelne Fasern der naturfarbenen inneren Wolle durch die bunte Oberflächenwolle dringen. Ein weiteres Kriterium kann sein, dass der Ball, wenn ihn der Filzer auf den Boden wirft, ebenso hoch springt, wie der Filzer groß ist.

10. Zum Schluss wird der Ball gut mit klarem Wasser ausgewaschen, ausgedrückt oder gar geschleudert und in runder Form getrocknet.

Bevor man sich über «Ballanbauten» – also Formmöglichkeiten am Äußeren des Balls – Gedanken macht, ist es spannend und spaßig den Filzball von innen heraus zu verändern. Prinzipiell kann eine ganze Menge fremdes Material umfilzt werden, immer vorausgesetzt, es kann der Nässe und der Hitze trotzen. Bei der begeisterten Schilderung von Kursteilnehmerinnen, die Reiskörner als ideales Innenleben für Jonglierbälle entdeckt haben, wurde mir stets etwas mulmig – nichts gegen Reisbrei, aber doch lieber auf dem Teller als in einem Wollball.

Kleine Bälle um Schellen gefilzt

Regenbogenbälle und ihr Innenleben

Schellenbälle

Reizvoll vor allem für sehr kleine Kinder sind Bälle mit Klängen im Inneren des Balles. Eine Möglichkeit für einen recht kleinen Ball ist, eine Schelle als Innenleben zu verwenden. Die Schelle bildet gleich einen idealen runden Kern, um den die bunte Oberflächenwolle direkt gelegt wird. Dabei ist zu bedenken, dass der Schellenklang um so mehr gedämpft wird, je dicker die Schelle mit Wolle umwickelt ist. Deshalb sollten relativ große Schellen mit hellem, klarem Klang verwendet werden. Das Geklingel kleinerer Schellen ist durch die wollene Schallisolierung kaum mehr zu vernehmen.

Während des Arbeitsprozesses darf man sich jedoch nicht irritieren lassen: In noch nassem Zustand der Wolle wird der Klang zusätzlich durch das Wasser gedämpft. Der trockene Schellenball hat einen deutlicheren, helleren Ton.

Am Ende muss er sehr gewissenhaft geschleudert und getrocknet werden.

Rasselbälle

Ganz unterschiedliche Klänge in einem Filzball können mittels eines Hohlkörpers im Ballinneren erreicht werden. Der Hohlkörper als stabiler Innenraum beherbergt den eigentlichen «Krachmacher». Als Hohlkörper eignen sich alle Arten von mehr oder weniger runden Plastikgefäßen wie Filmdosen, gelbe Döschen aus Überraschungseiern oder Kugeln. Wer dem Naturmaterial treu bleiben möchte, kann auch Walnussschalen verwenden. Diese bieten aber nur wenig Platz und dämpfen den Klang erheblich.

Als lärmendes Inneres können etwa unterschiedlich große Steinchen oder kleine Schellen dienen. Für Kinder ist es aber auch spannend festzustellen, welches Material im Inneren welchen Klang ergibt. Im Sinn der Pädagogin Maria Montessori ist es interessant, Bälle mit ganz unterschiedlichen Klängen herzustellen. Dabei ist es schon eine Herausforderung auf zehn Bälle mit unterschiedlichen Geräuscharten zu kommen.

Damit beim Filzen kein Wasser in die Hohlkörper dringen kann, das nur sehr schwer wieder herauszubekommen ist, sollte das Gefäß an der Nahtstelle mit einem Klebeband abgedichtet werden.

Zum Arbeiten von Rasselgegenständen ist man jedoch nicht ausschließlich an die Ballform gebunden. So können auch «klingende» Röhren oder Dosen in allen möglichen Formen umfilzt werden. Bei einem harten Innenleben muss beim Walken des Wollballs darauf geachtet werden, dass der Kern nicht zerbrochen oder zerstört wird. Mitunter muss etwas behutsamer gearbeitet werden.

Springbälle

Selbst wenn ein Wollball knallhart gefilzt wird, kann er in seiner Hüpffähigkeit niemals mit einem Gummiball konkurrieren. Hier kann dem Filzball mit einem Tennisball als Innenleben gewaltig auf die Sprünge geholfen werden. Dabei sollte die Sprungkraft nicht durch eine allzu dicke Wollschicht beeinträchtigt werden. Ein relativ dünnes Umfilzen mit etwa zehn feinen Flocken (rund zehn Gramm) genügt. Damit der Ball starken Beanspruchungen gewachsen ist, muss er – wie alle anderen Bälle auch – hart gewalkt werden.

Ein Tennisball hilft dem Filzball auf die Sprünge

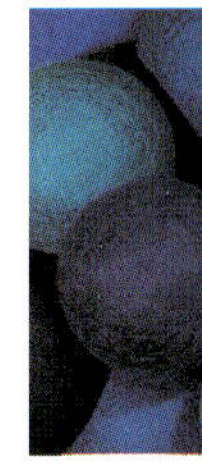

Jonglierbälle

Jonglierbälle aus Filz sind sehr widerstandsfähig und können – anders als Lederbälle – nicht an den Nähten aufplatzen, weil sie gar keine Nähte haben. Ein bloßer Wollball ist für den Jongleur jedoch ungeeignet – er ist zu leicht und fällt deshalb nicht satt in die Handfläche. Viele Nachfragen bei Ballkünstlern haben ergeben, dass ein Jonglierball etwa 100 Gramm schwer und relativ formbar sein muss.

Der Ball muss also im Inneren mit etwas Gewichtigem gefüllt werden, das gleichzeitig nachgibt und eine für die jonglierende Hand angenehme Ballgröße ermöglicht. Um all dies zu erreichen werden rund 90 Gramm feiner Vogelsand mit einem Trichter in einen Luftballon gefüllt. Nach dem Verknoten wird die Wulst am Luftballonhals abgeschnitten und der Knoten vor dem Umfilzen leicht in den Ball gedrückt, damit der Jonglierball an dieser Stelle keine Beule bekommt. Dann wird der Luftballon mit etwa zehn Gramm farbiger Wolle umfilzt. Der Gestaltung der Oberfläche sind dabei keine Grenzen gesetzt. Die Griffigkeit der Oberfläche kann zusätzlich mit einem lose versponnenen, unverzwirnten Wollfaden verbessert werden, der am Ende um den Ball gewickelt und mit aufgefilzt wird.

Wenn Jonglier-Anfängern die Bälle oft zu Boden fallen und schmutzig werden, können die Filz-Jonglierbälle zusammen mit der Buntwäsche in der Waschmaschine gewaschen werden.

Feiner Sand, mit dem Trichter in Luftballons gefüllt und umfilzt, verleiht dem Jonglierball das richtige Gewicht

Außen hui und innen ... – «Effektbälle»

Im Gegensatz zu den raffinierten Innenleben von Rassel- oder Jonglierbällen kommt es bei Effektbällen auf das Äußere an. Ganz nach dem Motto «außen hui und innen pfui» eignen sie sich prächtig als Recyclingstelle zur Abfallverwertung in einer Filzwerkstatt. In diese Bälle können alle Filzabfälle, Randabschnitte von Filzflächen, nass gewordene, unbrauchbare Wollflocken, Fussel oder auch alte Knäuel von versponnener Wolle eingefilzt werden. Dabei kommt es auch nicht unbedingt darauf an, dass sich die Bälle durchgehend verfilzen, es können also nicht nur reine Wollfasern verwendet werden.
Ganz im Gegensatz zum Innenleben sind die Effektbälle außen dafür um so schöner gestaltet. Ballspielereien an der Oberfläche können sein:

- Ornamente und Muster in verschiedenen Filztechniken,
- lose gesponnene, angefilzte Wollfäden,
- Annähen fremder Materialien oder Filz,
- Besticken mit Mustern oder Aufsticken von Perlen oder Pailletten.

Windbälle

Hübsche Bälle zum Werfen sind Windbälle mit bunten Bändern, die beim Flug durch die Luft kometenartig hinter dem Ball herflattern. Als Bänder können Filzschnüre oder geschnittene Filzstreifen verwendet werden. Es ist aber reizvoll mit anderen Materialien zu arbeiten, etwa mit schimmernd-glänzenden Satinbändern oder Seidenstreifen. Zu «waschechten» Kometenbällen werden die Windbälle mit glitzerndem Lametta als Schweif.

Nachdem die Bälle im Spiel zumeist bei den Bändern gepackt und geschleudert werden, ist es wichtig die Bänder sehr stabil – also nicht nur mit ein paar Bindfadenstichen – am Ball zu fixieren. Dazu werden zunächst einige Bänder (eventuell unterschiedlich lange und breite) an einem Ende mit dem Zickzackstich der Nähmaschine mehrere Male aufeinander gesteppt. Dann werden sie mit einem starken Zwirn

Einen Schweif von Satinbändern zieht der Windball hinter sich her

Bälle mit Glasperlen bestickt (links); Filzbälle besticken – kinderleicht (rechts)

am Innenleben des Balls angenäht. Dazu den Zwirn zunächst durch die Zickzack-Steppnaht der Bänder stechen und mit ein paar Stichen an der Stelle des Innenlebens annähen, wo die Bänder sitzen sollen. Dann wird der Zwirn mehrere Male um das Ballinnenleben gewickelt, wieder durch die Steppnaht gezogen und am Innenleben erneut angenäht. Dies sollte insgesamt mehrmals wiederholt und der Zwirn am Ende vernäht werden. Als Innenleben kann ein lose gefilzter Filzball dienen sowie Woll- oder Filzreste, die zuvor zu einem runden Ball geformt und mit Wolle oder einer Schnur umwickelt werden.

Zu einem besonderen Erlebnis wird der Windball mit einem Tennisball in seinem Inneren. Wie die Springbälle (siehe Seite 85) vermag er dann nicht nur im Flug schön auszusehen, sondern bei seiner Landung auf dem Boden auch noch zu hüpfen – sozusagen eine Kombination von außen hui und innen hui. Dabei muss zum Annähen der Bänder mit dem Zwirn jedoch ein Fingerhut verwendet werden, weil sich der Tennisball nur schwer durchstechen lässt.

Sind die Bänder fest angenäht, wird der Ball mit kleinen Flocken in den gewünschten Oberflächenfarben umfilzt. Wird als Inneres ein Tennisball verwendet, so genügen drei bis vier dünne Lagen Wolle, weil sonst die Sprungkraft leidet. Besonderes Augenmerk beim Filzen ist auf den Bereich um die Bänder zu richten: Kleine Flocken müssen eng um die Bänder gelegt und extra bearbeitet werden. An dieser stark beanspruchten Stelle muss besonders sauber gearbeitet werden.

Ganz schöne Bälle

Filz eignet sich sehr gut zum Besticken. Das gilt für Bälle ebenso wie für Flächen (siehe Seite 69). Für kleinere Kinder ist es sogar eher leichter einen Ball mit einem bunten Faden zu besticken, weil er von den kleinen Händen leichter gehalten werden kann als eine Fläche. Mit einer langen, dünnen Nadel können Handfilze von großer Dichte und Stärke durchstochen werden. Dabei können die Bälle mit den gängigen Stickstichen mit beliebigen Formen und Ornamenten bestickt werden. Es können auch andere Materialien wie kleine Perlen oder Pailletten aufgestickt werden.

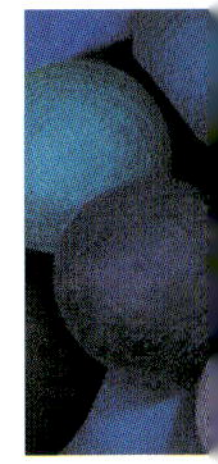

Klitzekleine Bälle – Filzperlen

Die Miniatur einer Handwerksarbeit ist in den seltensten Fällen einfacher zu arbeiten als ihr großes Vorbild, auch wenn es ihre Winzigkeit vermuten ließe. Das gilt auch für klitzekleine Filzbälle – Filzperlen, die zu Schmuck verarbeitet werden können. Es bereitet durchaus Probleme exakt gleich große und runde Perlen zu arbeiten. Abhilfe können hier Innenleben schaffen, die bereits eine Kugelform vorgeben, wie etwa kleine bunte Wattekugeln, wie sie im Karneval für Amüsement sorgen. Für kleine Bälle, die nicht in der Mitte wie eine Perle durchstochen, sondern aufgenäht werden sollen und gleichzeitig etwas schwerer sein dürfen (Knöpfe, Dekoration), eignen sich kleine Glasperlen oder Murmeln. Es genügt die Innenleben mit wenigen, hauchdünnen Wollflocken zu umwickeln und zu umfilzen.

Um eine Perlenkette aus Filzperlen aufreihen zu können,

- muss entweder in die kleinen Perlen mit einer Lochzange ein Loch gedrückt werden (dann können die Perlen aufgefädelt werden), oder
- die Perlen werden mit einer spitzen Nadel durchstochen und auf einen starken Zwirn oder einen Gummi aufgereiht. Holzperlen oder ähnlich harte Kügelchen scheiden als Innenleben für Filzperlen, die zu einer Kette verarbeitet werden sollen, aus.

Bunte Filzperlenkette mit Silberperlen kombiniert (oben); Wattekugeln oder Glasmurmeln verhelfen sehr kleinen Filzkugeln zu einer einheitlichen Größe (unten)

Weißes besticktes
Perlenarmband

Ganz große Bälle

Bei ganz großen (fußballgroßen) Filzbällen heißt es für alle Fensterscheiben zunächst einmal in Deckung zu gehen. Massiv gearbeitete Filzbälle mögen vielleicht noch fürs Muskeltraining geeignet sein, zum Spielen sind sie viel zu schwer. Deshalb muss der Ball mit Hilfe eines luftig-leichten Innenlebens abspecken und Pfunde verlieren. Schaumstoff bietet sich an. Er ist leicht, elastisch und gut zu umfilzen. Fußballgroße Schaumstoffbälle sind in Spielwarenläden erhältlich.

Zum Umfilzen müssen mehrere größere Stücke aus Wollvlies auf den Ball gelegt werden. Wegen der Größe des Objekts, das mit den Händen nur schwer unter Kontrolle gebracht werden kann, ist es ratsam den in Wolle gehüllten Schaumstoffball mit einem lose gesponnenen Wollfaden oder einem geteilten feinen Kammzug oder Kardenband zu umwickeln und die Vliese so zu fixieren. Danach wird das Paket in eine Schüssel gelegt und Segment für Segment mit wenig Wasser gefilzt.

Schaumstoff und Filz – gute Freunde, oder?
Schaumstoff und Wollfilz sind zwei Materialien, die von ihrer Herkunft und den sinnlichen Eigenschaften unterschiedlicher nicht sein können, und man kann zu Recht daran Anstoß nehmen das reine Naturprodukt mit dem Kunststoff zu verarbeiten. Dennoch ermöglicht der Schaumstoff reizvolle Formgebungen in Filz, die mit anderen Hilfsmitteln nicht oder nur schwer zu erreichen sind. Neben dem großen Ball können Schaumstoffe oder Schaumstoffplatten, die es in verschiedenen Stärken im Handel gibt, zu dreidimensionalen Gebilden zugeschnitten und die Formen umfilzt werden. So können Objekte von Größenordnungen geschaffen werden, die allein in Filz zu arbeiten nicht möglich sind.

Lehnt jemand Schaumstoff wegen des Materials ab, so kann auch Holzwolle umfilzt werden. Einen Ball damit zu schaffen mag noch einigermaßen möglich sein, bei anderen Objekten ist es jedoch schwierig, das lose Material in die gewünschte Form zu bringen. Dies kann nur mit einem vorbereitenden Umwickeln der Holzwolle mit Schnüren oder Draht erreicht werden.

Ein Filzball so groß wie ein Fußball (rechts) benötigt einen Schaumstoffrohling (links) an Innenleben, sonst wäre er viel zu schwer

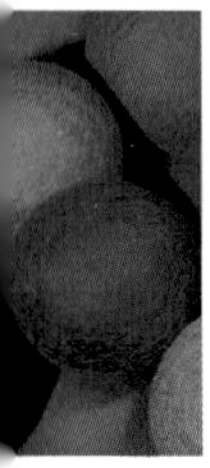

Mit Kindern Bälle filzen

Das Ballspiel verbindet. Manchmal zwei Spieler, die einander zuwerfen, und manchmal ganze Mannschaften, die gut zusammenspielen müssen, um den Ball dahin zu transportieren, wo er der Spielregel entsprechend landen soll. Alles ist beim Ballspiel in ständiger Bewegung. Der, der wirft, der, der fängt, und nicht zuletzt der Ball selbst. Bälle provozieren Bewegung.

Beide Elemente, das Verbindende und die Bewegung, kommen bei der Herstellung von Filz im Allgemeinen und beim Ballfilzen im Besonderen auf so schöne Weise zum Ausdruck, dass es sich lohnt, diesem Sachverhalt vom methodisch-didaktischen Blickwinkel her eine kurze Betrachtung zu schenken.

Ein weiteres dem Filz ganz eigenes Merkmal ist die Verwandlung, die mit dem Grundmaterial Wolle geschieht. Von der ersten losen Verbindung hin zu einer festen, nicht wieder auflösbaren Verdichtung. Diese Verdichtung funktioniert bei allen Filzarbeiten ausschließlich nach einem Prinzip, nämlich stets von außen zur Mitte hin. An der Oberfläche und zu Beginn verhalten sich die Hände stets tastend, behutsam, beschützend und streicheln und drücken vorsichtig die Frage aus: «Was ist das für ein Material, was tut es, was geschieht mit ihm?» Wenn die Balloberfläche dies mit ihrer ersten vagen Verbindung beantwortet hat, dann arbeitet man entschieden und kraftvoll zur Mitte hin. Im Wort Konzentration steckt auch das Wort Zentrum, der Mittelpunkt. Dort wollen wir hin mit unseren kreisenden Gedanken und Bewegungen: zur festen Mitte.

Konzentration und Bewegung

Alles zu seiner Zeit und in der rechten Intensität und Geschwindigkeit, das ist das große / kleine Geheimnis der Filzerei. Wenn man mit einer größeren Gruppe von Kindern mit Filz arbeiten möchte, dann ist es sinnvoll mit Worten sparsam umzugehen und statt dessen das, was zu tun ist, im tätigen Vorbild, in der Anordnung der Dinge und im Wahrnehmen der Gemeinschaft anschaulich zu machen.

Für jedes Kind stehen etwa 30 Gramm naturfarbene Wolle (fünf bis sechs handtellergroße Flocken) zur Verfügung. Die Herstellung von «des Pudels Kern» wird als vorbereitende Arbeit begriffen. Hierbei spielt handwerkliche Präzision eine untergeordnete Rolle – auch ein nicht ganz perfekter Innenball wird von einer gut gearbeiteten Oberfläche zusammengehalten. Die Kinder arbeiten das Innenleben des Balles über einer eigenen kleinen Schüssel (höchstens zu dritt um eine etwas größere Schüssel) wie auf Seite 82 beschrieben. Hier darf keine drangvolle Enge herrschen. Es ist neu und aufregend, was die Wolle macht, wenn man sie ins heiße Wasser taucht, und Anspannung und Unsicherheit entladen sich aggressiv, wenn man keinen Platz hat und sich auf die Füße tritt.

Wenn es nun an die Gestaltung der Oberfläche geht, kommen nicht nur die neu entstandenen «Schneebälle», sondern auch die Kinderfüße in Bewegung. In einer Ecke des Raumes, auf einem Tisch, um den man gemütlich stehen kann, wird eine große Schüssel mit heißer Seifenlauge platziert. Die Kinder können den ersten Arbeitsschritt für sich abschließen, indem sie die restliche Lauge aus ihren Schüsselchen in die große Schüssel gießen.

Nun geht es rundherum, alle in der selben Laufrichtung. Als erstes zur «Wollausgabestelle» in der anderen Ecke des Raumes, wo der Gruppenleiter einen Korb bunter Wolle bereit hält. Dort wählen die Kinder den Farbton, den sie sich für die erste bunte Flocke auf dem Ball wünschen. Sie müssen genau wissen, was sie wollen, und die Farbe möglichst exakt benennen.

«Die Kunst des Sehens besteht nicht darin, Rot von Blau zu unterscheiden, sondern Rot von Rot. Das Ungleiche im gleich Erscheinenden zu entdecken ...»

Maria Montessori

Die Flocke wird den Kindern ganz fein auseinandergezogen und breit auf die Handfläche gelegt. Nebenbei ist dieser Moment des Fragens und Gebens eine Gelegenheit mit jedem Kind der Gruppe kurz Kontakt zu haben und die technische Ausführung der Arbeiten im Einzelnen zu überblicken. Die Kinder werden im Kreis herum zurück zur «Wasserstelle» geschickt, mit der farbigen Flocke und der Anweisung, sie ganz sanft auf den Ball zu drücken, mit einem Schöpfer Seifenlauge «anzukleben», zart zu streicheln und dann zurückzukommen, um sich die nächste Flocke zu holen. So wird Flocke für Flocke, Schicht um Schicht aufgebaut.

Wenn die Bälle in ihrer Farbgestaltung abgeschlossen und so aufgebaut sind, dass sie den Kindern gefallen, kommt die Gruppe in der Mitte des Raumes zusammen. Es gibt hier noch eine Schüssel mit sehr heißem, nur wenig seifigem Wasser. Der Walkprozess kann nun mit den Bällen in der Hand von Musik begleitet getanzt werden. Viele der alten Volkstänze aller Kulturregionen sind kraftvoll zur Mitte hin gerichtete Kreistänze. Oder es wird einfach ein Kreisspiel daraus gemacht, die Kinder abwechselnd zur Kreismitte zu schicken, um den Ball in die heiße Lauge zu tauchen und dann weiter zu walken (zum Beispiel: «Alle im Mai geborenen Kinder gehen zur Mitte ...»).

Die Bälle sind fertig, wenn sie – fest auf den Boden geworfen – so hoch springen, wie die Kinder groß sind.

Mit der so strukturierten Arbeitsweise können auch größere Gruppenstärken bewältigt werden und nebenbei wird der Materialverbrauch behutsam kontrolliert und es entsteht kein Abfall in Form zerissener Vliese und Kammzüge.

Beim Ballfilzen fühlen die Kinder sich selbst, ihre Hände und spüren ganz unmittelbar, was die Wolle beim Filzprozess in ihren Händen tut, ohne sie in Beziehung zu einem anderen Material wahrzunehmen. Deshalb sind all die vielen Ideen für Effektbälle erst der zweite Schritt im Arbeiten mit Kindern. Es sollte bedacht werden, dass jedes Klingeln einer Schelle und jedes Rasseln von Steinchen in einer Plastikkugel beim Herstellen eines Filzballs ein zusätzlicher Reiz ist. Ist ein geräuschvolles Innenleben ein spaßiges Beiwerk oder lenkt es von der eigentlichen haptischen Erfahrung ab? Für kleinere Kinder ist es sicher schöner sich mit einem reinen Wollball dem Thema Filzen zu nähern. Aber auch beim Arbeiten mit großen Kindern ist gut zu überlegen, ob das Klingeln von 30 Schellen so hilfreich für das gemeinsame Arbeiten ist.

Tatsächlich ist es so, dass die Kinder über die rhythmische, kreisende Bewegung zur Ruhe kommen, in ihre eigene Mitte kommen und die betreuende Person oftmals in Erstaunen versetzen durch die Intensität und Hingabe, mit der sie sich dem Material zuwenden.

Obst und Gemüse

Damals im Garten Eden, um bei alttestamentarischen Berichten zu bleiben, spielte der Apfel am Baum der Erkenntnis eine herausragende Rolle, damit die Menschheitsgeschichte und alles Suchen, Forschen und Fragen ihren Lauf nehmen konnten. Nachdem die sündige Versuchung vom Baum gepflückt und verspeist worden war, brachte sie eine ganze Kette von Unbillen und neuen Herausforderungen mit sich. Vertrieben aus dem Paradies mussten Adam und Eva sich plötzlich mit Dingen auseinandersetzen, mit denen sie vorher nie konfrontiert waren.

Obst und Gemüse in Filz als naturgetreue Nachbildungen der schmackhaften Vorbilder führen uns in der Neubelebung dieses alten Handwerks auf ein weites, unbearbeitetes Feld. Experimentelles Arbeiten und das Ausreizen sämtlicher Formtechniken bis ins feinste Detail sind wohl die zwei Hauptgesichtspunkte, unter denen man die ganze Spielerei betrachten sollte.

Natürlich liegt der Gedanke ans Spielzeug auf der Hand, und ein so entstandenes Rübchen wird schnell als Leckerbissen fürs fiktive Spielpferdchen verwendet werden und das Kilo Äpfel im Kaufmannsladen zwischen Verkäuferin und Käufer gegen Spielgeld den Besitzer wechseln. Es soll aber nicht unerwähnt bleiben, dass man sich hier auf schwierigem Terrain bewegt. So gearbeitetes Spielzeug ist zu konkret ausgeformt und nachgebildet, als dass es der kindlichen Phantasie noch genügend Freiraum lassen könnte, und gleichzeitig ist das Material Wolle, wenn man es in seinen ganz charakteristischen Eigenschaften und den jeweiligen Verwendungszwecken betrachtet, hier so verfremdet, dass der «Tell-Schuss» auf den Filzapfel immer haarscharf am Kitsch vorbei zielen muss.

Unverfänglichere Verwendung kann der wollene Erntesegen im Dekobereich finden, als opulenter Putz auf Hüten oder an Kostümen für Theater und Karneval.

Von den sehr pragmatischen Überlegungen wieder abgewandt, ist es einfach eine spannende Spielerei zu ergründen, welche in Details und Proportionen genaue Nachbildungen der Natur mit Wollfilz möglich sind. Die Verarbeitung ganz unterschiedlicher Materialien in verschiedensten Techniken steht im Mittelpunkt. Im Wesentlichen entwickeln sich die meisten Obst- und Gemüsestücke aus der Grundform des Balls.

Vielfältige Techniken kommen dabei zum Einsatz:

- Kombination verschiedengroßer Bälle,
- Ansetzen von Bällen aneinander,
- Flächenfilze geschnitten und durchsteppt,
- Bälle mit Kern,
- gefilzte Ball-Flächenkombinationen,
- Schnüre und Rollen in verschiedenen Stärken und
- viele Arten der Formgebung und Verzierung mit Nadel und Faden

Material/Werkzeug

Für die Naturprodukte Obst und Gemüse kann das Arbeiten mit pflanzengefärbten Wollen besonders interessant sein, weil deren Farbkraft aus der Natur kommt und den natürlichen Gegenständen am ehesten entspricht. Als Qualität eignen sich überwiegend Merinowollen sehr gut. Wie beim Ball können als Innenleben alte Filzreste, -abschnitte oder Wollen verwendet werden.

Wenn beim Ball als Arbeitsgerät eine Schüssel mit Lauge gereicht hat, ist für Obst und Gemüse eine geriffelte Unterlage unabdingbar, um darauf die Objekte und Teile gezielt in Form zu reiben. Dazu ist eine sehr ausgeprägte Riffelung – etwa wie bei Autofußmatten oder einem Waschbrett – nötig, die eine gezielte Ausformung auch an kleinen, diffizilen Stellen ermöglicht. Die Riffelablage der Küchenspüle bietet hier zu wenig Reibungsmöglichkeit.

Am Anfang war der Apfel – der Beginn der «sündigen» Spielerei

Der Apfel fällt nicht weit vom Stamm des Baumes der Erkenntnis, beziehungsweise liegt er schier auf der Hand, wenn wir einen Filzball vor uns haben in der grün-gelben Golden-Delicious-Färbung oder der Rotschattierung eines Gloster-Apfels. Ein solcher Ball fordert geradezu heraus, ihn mit Butz und Stiel zu versehen, auch wenn wir in diesem Moment noch nicht ahnen, dass wir damit das Tor zu einer Filzwelt aufstoßen, in der neue Formengesetze gelten – über das klassische Rundherum hinaus.

Gefilzt wird zunächst ein ganz normaler Ball mit der Farbabstufung der gewünschten Apfelsorte (siehe Bällefilzen Seite 82). Die klassische Apfelform mit Eindellungen an Stiel und Butz erhält der Ball dadurch, dass er mit einer langen Nadel in der Mitte durchstochen wird. Hierfür wird mit einem starken, etwa 80 Zentimeter langen Baumwollgarn zunächst für den Stiel eine kleine, etwa zwei Zentimeter lange Schnur geknüpft (siehe Grafik), wobei in den vorletzten Knoten ein doppeltes Apfelblatt eingezogen wird. Das Blatt wird aus einem möglichst dünnen, aber sehr fest gearbeiteten Flächenfilz ausgeschnitten. Die Blattstruktur kann reizvoll durch eine Steppnaht mit der Nähmaschine in der Blattmitte angedeutet werden. Beide verbleibende Garnenden werden mit einer langen spitzen Nadel durch den Apfel gestochen und ganz stark angezogen. Das durchzogene Garn und die so entstandene Verformung des Balls werden an den Ein- und Ausstichstellen mit Daumen und Zeigefinger fixiert. Nun werden die beiden Garnenden miteinander verknotet und sternförmig zu einem kleinen Apfelbutzen vernäht. Für eine gute Apfelform sind die ausgeprägten Eindellungen besonders wichtig.

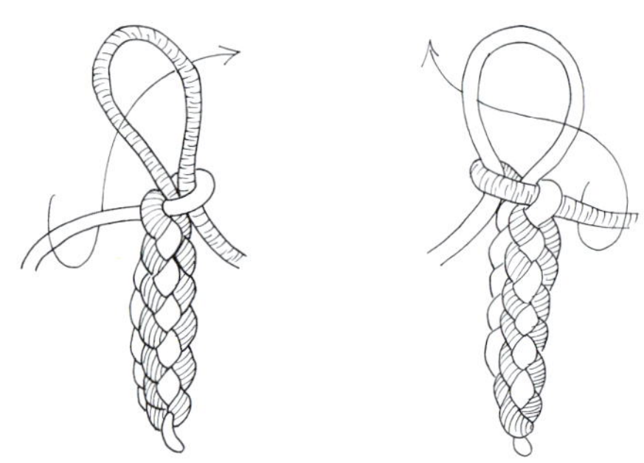

Knüpfschema
für den Stielknoten

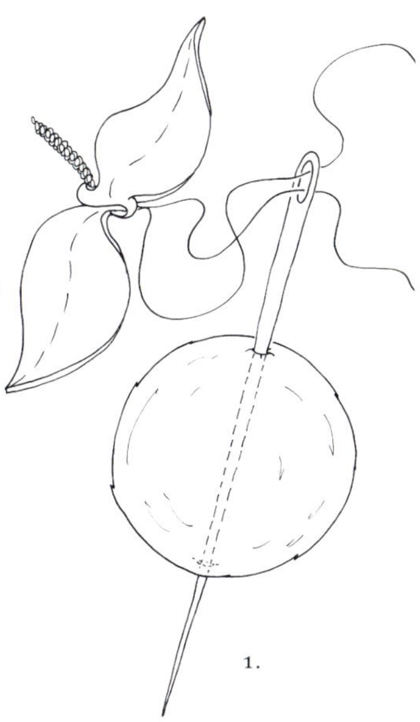

1.

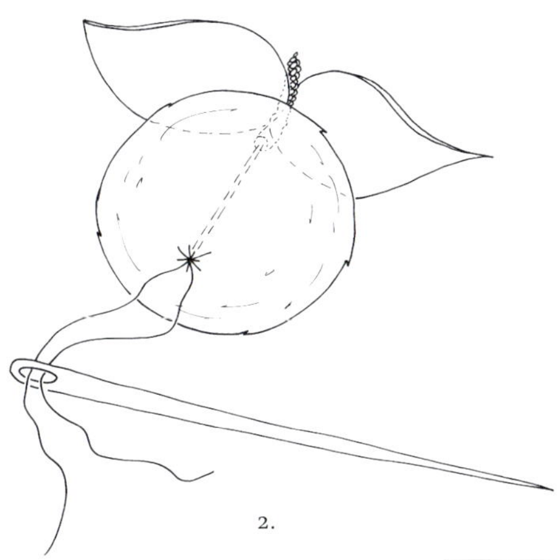

2.

1. Der Stiel mit dem Blatt wird durch den Apfel festgenäht …
2. … und auf der Unterseite zu einem Apfelbutzen vernäht

Zwei Bälle werden
mit Wollflocken verbunden

Ball + Ball = Birne

Für die Birne werden zwei unterschiedlich große Bälle vorbereitet. Sie werden nur soweit verfilzt, dass sie gerade zusammenhalten (nicht gewalkt!).

Diese Bälle werden schneemanngleich aufeinandergesetzt. In der Oberflächenfarbe (gewünschte Birnenfarbe) werden lange Wollstränge von oben sternförmig so über die Birne gelegt, dass sie die kleine und die große Kugel umschließen und gut verbinden. Anschließend wird die ganze Birne mit kleinen Wollflocken behutsam umfilzt (siehe Ball). Diese Art der Oberflächenverbindung mit ganz kleinen Wollflocken ist eine Technik, die bei vielen Formfilzen eine Rolle spielt. Dieses erste Umfilzen ist eine sehr sensible Phase, weil man gleichzeitig dafür sorgen muss, dass zwei oder mehrere lose aufeinandergesetzte Teile dort bleiben, wo sie bleiben sollen, und dass die kleinen Flocken diese Teile mit einer gleichmäßigen Oberfläche umschließen und verbinden.

Beim Walken muss mit Druck auf die Birnentaille gearbeitet werden, damit eine ausgeprägte Birnenform und nicht nur ein gleichmäßiger Kegel entsteht. Fertiggestellt mit Stiel, Laub und Butzen wird die Birne nach den gleichen Arbeitsschritten wie der Apfel. Bei der Birne muss bei den Größenverhältnissen einkalkuliert werden, dass sie durch das Zusammenziehen mit dem Baumwollgarn etwas kürzer wird, so dass sie von Anfang an überzogen länglich gearbeitet werden muss.

Noch einiges zum Thema «Ballobst» und -gemüse:

Kirschen

Eine Kirsche hat einen harten Kern – und so auch die Filzkirsche. Die von Mutter Natur abgeschaute Idee ergab sich aus der Erkenntnis, dass ein klitzekleiner Filzball bei weitem nicht einfacher zu arbeiten ist als ein großer. Deshalb ist es hilfreich die Kirsche mit einem Innenleben zu versehen, das die kugelige Form vorgibt und gleichzeitig schwer ist. Ein anderer Nebeneffekt ist, dass die ansonsten federleichten reinen Woll-Kirschen gewichtiger werden, wenn sie am Baume baumelnd einigermaßen echt aussehen sollen. Zu diesem Zweck werden kleine Glasmurmeln mit sehr feiner (je kleiner desto feiner!) roter Merinowolle umfilzt. Für die Stiele wird ein rund ein Meter langes Baumwollgarn mit einem kleinen, aber möglichst tiefen Stich zur Hälfte in eine Kirsche eingezogen und verknotet. Mit den beiden nun gleichlangen Garnen wird eine etwa sechs Zentimeter lange Schnur geknüpft (siehe Grafik Seite 96) und ein doppeltes Kirschblatt (wie beim Apfel) eingeknotet und weitere sechs Zentimeter Schnur geknüpft. Die Garnreste werden durch die zweite Kirsche gestochen, verknotet und vernäht.

1996
PRODUIT DE FRANCE
APPELLATION CONTRÔLÉE
BOUTEILLE
PAR

Trauben

Bei den Trauben ist es hilfreich sich zu überlegen, ob und wenn ja welches Innenleben sie bekommen sollen. Nicht zu unterschätzen ist die Anzahl der Kugeln für eine Traube. Je nach Größe muss mit 40 bis 60 lindgrünen oder burgundroten Träubchen gerechnet werden. Die kleinen Bälle werden jeweils mit einem kleinen, aus sehr dünnem Baumwollgarn geknoteten kleinen Stiel (Knottechnik siehe Apfel) versehen. Bei jedem Stiel müssen Garnenden von 10 bis 20 Zentimeter Länge übrig bleiben, die mit den Garnenden der anderen Träubchen nach und nach zusammengeknüpft werden. Wem hier das angegebene Knotenschema zu kompliziert erscheint, kann die Träubchen auch mit vielen aufeinander folgenden ganz normalen Knoten zusammenfügen. Um sich im Knüpfsalat nicht gänzlich zu verhaspeln ist es hilfreich, die doch sehr komplizierte Anordnung der Trauben an einem natürlichen Modell abzuschauen.

Das Weinblatt wird aus einer dünnen, hart gewalkten, herbstlich grün-rot-braun-gelb schattierten Filzfläche geschnitten. Die Blattadern werden dem natürlichen Vorbild entsprechend mit dem Steppstich der Nähmaschine «gezeichnet». Aus den an der Blattwurzel überstehenden, zusammengenommenen Nähfadenenden wird ein Stiel geknotet (siehe Apfel), der am Traubenstiel mit eingearbeitet wird.

Tomaten

Die Tomate unterscheidet sich vom roten Filzball ausschließlich durch das grüne, sternförmig geschnittene Blättchen, aus dessen Mitte ein kleiner grüner, geknoteter Stiel ragt. Dieser Stiel wird wie beim Apfel durch das aus einer dünnen, hart gewalkten Filzfläche ausgeschnittene Blättchen und den Ball gestochen und die Garnenden am anderen Ende mit einem sichtbaren winzigen Punkt vernäht. Die Tomate darf nicht so stark wie der Apfel zusammengezogen werden.

Kartoffeln

Kartoffeln entstehen aus verschieden großen, braunen Filzbällen. Für die Erdknollen kann gut eine rustikalere Bergschafwolle oder auch eine Coburger Fuchs-Wolle (wegen ihrer reizvollen bräunlichen Melierung) gewählt werden. Diese gröberen Wollen verfilzen jedoch etwas langsamer und müssen sehr hart gewalkt werden. Die sehr festen Bälle können gleich beim Walken in eine leicht längliche Form gebracht werden. Dann wird ein starker, sehr fester, dunkler Zwirn kreuz und quer durch die fertiggefilzte Kartoffel durchgezogen, jedesmal fest angezogen und am Ende vernäht. So entstehen die charakteristischen Dellen und Kurven. Manche der Einstiche dürfen als «Kartoffelaugen» sichtbar bleiben.

Natürlich ist das Ballthema noch längst nicht ausgereizt: Aprikosen, Zwetschgen, Pfirsiche, Melonen ... Wie wär's?

Doch damit nicht genug …

Wenn wir auf dem Stadtmarkt weiterspazieren und der Blick auf die lange Spitze eines Rettichs fällt oder die vielen ineinandergeschobenen Blätter eines Lauchstengels (Porree) ins Auge stechen, stellt sich die Frage: Ist denn das in Filz machbar?

Möhren

Ein der Möhrenfarbe ähnlicher, oranger Merino-Kammzug von 20 bis 30 Zentimeter Länge wird in der Mitte lose geknotet. Die beiden Enden werden aufeinander zusammengelegt und sollen schließlich die Spitze der Rübe bilden. Nun wird vom Knoten her in Richtung Spitze die Rübe kreuz und quer mit kleinen Flöckchen des selben, orangefarbenen Kammzugs umfilzt. Am Anfang muss dabei um den dickeren Kopf mehr Material gewickelt werden. Dann wird die Rübe mit einigen Schöpfern heißer Seifenlauge nass gemacht und es wird begonnen die Wolle vorsichtig zu verfilzen.

Wenn der Filzprozess abgeschlossen ist, wird zwischen den Händen weitergewalkt: Der dicke Kopf wird dabei wie ein Ball in den Handflächen gearbeitet. Für das Walken der Spitze wird die Rübe auf einer geriffelten Automatte oder einem Waschbrett mit viel Druck regelrecht geschrubbt.

Nach dem Walken, Ausspülen und Trocknen der Rübe wird das stilisierte Rübenkraut an den Kopf genäht. Das Kraut wird aus einer ganz dünnen, hart gewalkten Filzfläche geschnitten. Diese muss wegen der feinen Zacken sehr stabil sein. Die Blätter werden in variierenden Formen (unterschiedliche Größen) ausgeschnitten und mindestens drei pro Rübe am Blattende mit einem doppelten Bindfaden mit kleinen Steppstichen zusammengereiht und fest und stabil oben in die Rübe eingenäht.

1. 2. 3.

1. Für die Möhre wird ein Kammzug lose geknotet, …
2. … die Faserenden werden aufeinandergelegt …
3. … und mit kleine Flocken überfilzt

Anreihen der Möhrenblätter

Rettich

Für den Rettich wird zunächst ein ganz loser, weißer Filzball vorbereitet (noch nicht gewalkt!). Er soll schon zusammenhalten, aber für weitere Filzaktivitäten an der Oberfläche noch offen sein. Die Rettichblätter werden aus einer stärkeren, grünen, lose verfilzten Vorfilzfläche (sie werden später mitgewalkt) länglich, ungefähr herzförmig ausgeschnitten. Mindestens drei unterschiedlich große Blätter werden tief in den Filzball eingenäht. Dafür werden die Blätter einzeln am Blattende mit einem Garn gereiht, das mehrmals ganz durch den Ball gestochen wird. Dabei muss das Garn fest angezogen werden. Wenn bei diesem tiefen Einziehen der Blätter der Ball verformt oder zusammengezogen wird, spielt das keine Rolle, denn anschließend wird die Rettichkugel kreuz und quer in Rübenform umfilzt. Hierzu werden zunächst mindestens zwei, etwa 30 bis 40 Zentimeter lange, weiße Kammzüge kreuzweise direkt an den Blättern vorbei um den Ball gelegt. Die Kammzugenden werden unten aufeinandergelegt und bilden schließlich die Rettichspitze. Mit kleinen Flöckchen wird der gesamte Rettich kreuz und quer überfilzt. Besonderes Augenmerk muss beim Rettich auf die Verbindungsstelle von Rettich und Blättern gelegt werden. Dazu werden kleine Wollflocken um den Ansatzpunkt der Blätter gelegt und extra bearbeitet. Wie die Möhre wird der Rettich auf einer geriffelten Unterlage (Autofußmatte/Waschbrett) gewalkt. Dabei wird das Laub immer wieder nach unten über den Rettich gebogen und mitgewalkt.

1.

2.

1. Die Rettichblätter aus Vorfilz werden in einen lose gearbeiteten Filzball eingenäht …
2. … und mit kleinen Flocken zur Rettichform überfilzt

Lauch

Für den Lauch wird eine lose verfilzte Vorfilzfläche hergestellt mit einer Breite von etwa 25 Zentimeter und einer beliebigen Länge (für einen Lauch sind etwa 30 Zentimeter erforderlich). Die Farbe des Vorfilzes ist abgestuft: Das untere Drittel in einem dunklen Graugrün, die oberen zwei Drittel in hellerem Grün. Diese leicht angefilzte Fläche wird in vier, etwa sieben Zentimeter breite Streifen geschnitten. Diese Streifen werden leicht überlappend aneinandergelegt, zusammengerollt und im unteren Drittel (im Bereich der unteren Graugrün-Schicht) mit groben Stichen eines Wollgarns zusammengeheftet. Anschließend wird die Lauchwurzel mit kleinen weißen Flocken kreuz und quer umfilzt und so die Heftstiche verdeckt und eingefilzt. Dann wird auf einer Riffelfläche (Autofußmatte/Waschbrett) gewalkt, mit besonderem Druck an der Stelle, wo die weißen Flocken des Wurzelbereichs ins Grün des Vorfilzes übergehen. Diese Stelle muss gut verwalkt sein und am Ende die «Taille» des Lauches bilden. Abschließend werden dünne Lauchwurzeln eingenäht. Dazu werden mit einem weißen Wollfaden etwa fünf Zentimeter lange Schlaufen in die Lauchwurzel gezogen, die jeweils mit einem Zwischenstich fixiert und am Ende aufgeschnitten werden.

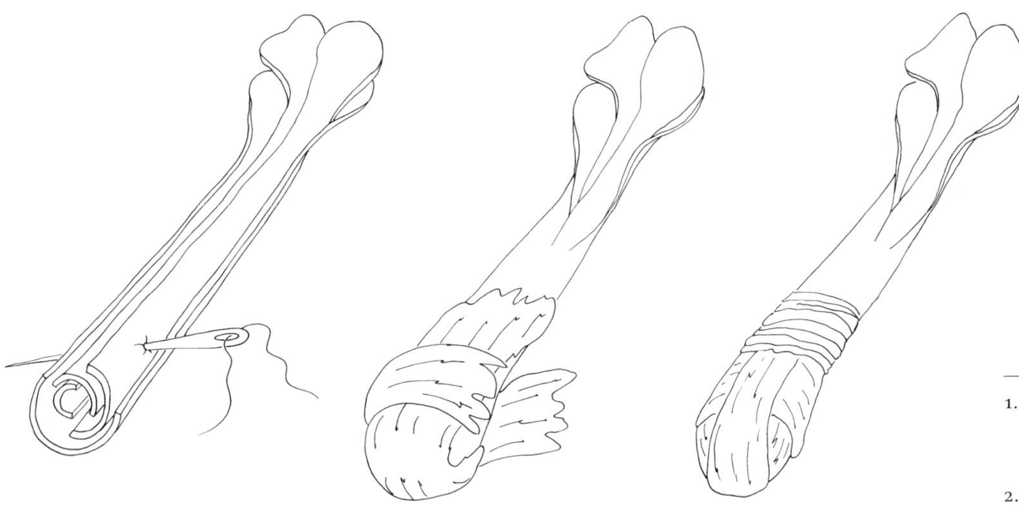

1. 2. 3.

1. Die Lauchblätter aus Vorfilz werden gerollt, zusammengeheftet, ...

2., 3. ... und mit kleinen weißen Flocken überfilzt und gewalkt

Schnittlauch

Ein frischer Bund geschnittener Schnittlauch vermag jedem Menü einen Hauch von haute cuisine zu verleihen. Der Schnittlauch besteht aus sehr dünnen, dunkelgrünen Filzschnüren. Ein handelsüblicher Kammzug wird dafür in zwölf Strähnen geteilt. Dazu muss pro Strähne zweimal die gewünschte Schnittlauchlänge (etwa 50 Zentimeter) berechnet werden. (Arbeiten von Schnüren siehe Seite 116) Die Schnüre werden nach dem Walken in der Mitte durchgeschnitten. Sie erhalten somit eine scharfe Schnittstelle (unteres Schnittlauchende). Wenig oberhalb dieser Schnittstelle wird ein Bund zu einem «Strauß» zusammengebunden.

1.

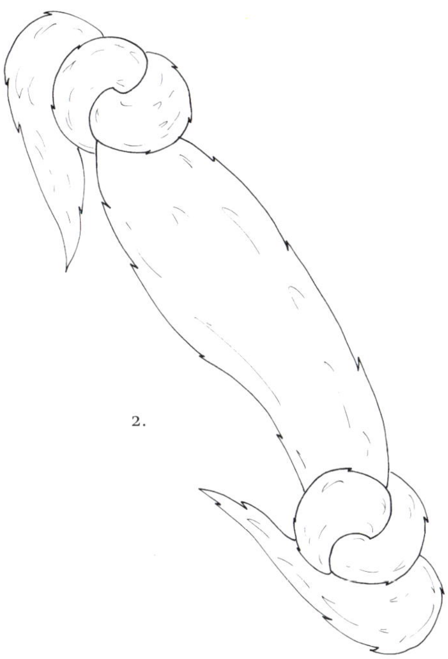

2.

Pilze

Pilze stellen je nach Maserung und Zeichnung eine besondere Herausforderung an die Gestaltungsmöglichkeiten mit unterschiedlichen Filztechniken, Nadel und Faden dar. Eine schlichte Braunkappe ist sicher die einfachste Filz-Pilzart. Der Pilz wird in zwei Teilen gefilzt, die am Schluss zusammengenäht werden. Für den Pilzkopf werden braune Wollfasern kreuz und quer zu einem flachen Päckchen gewickelt und ebenso flach zwischen den Handflächen verfilzt. Für die letzte Formgebung wird der Pilzkopf auf einer Matte / einem Waschbrett gerieben, damit er unten flach und oben gewölbt wird.

Für den Fuß – es werden immer zwei Füße gleichzeitig gearbeitet und dann auseinandergeschnitten – wird ein etwa 45 Zentimeter langer Kammzug an beiden Enden lose geknotet, so dass an beiden Seiten Restfasern von knapp zehn Zentimeter überstehen. Diese werden wieder zur Mitte zurückgeschlagen. So entsteht ein knochenähnliches Gebilde mit Verdickungen an den beiden Enden, das nun mit kleinen weißen Flocken umfilzt und anschließend auf einer Riffelfläche gewalkt wird. Der fertige Knochen wird in der Mitte durchgeschnitten und an der Schnittstelle mit unsichtbaren Matratzenstichen ins Zentrum der flachen Seite des Pilzkopfes genäht.

1. Der Pilzkopf wird wie ein flachgedrückter Ball gearbeitet
2. Ein Kammzug wird an beiden Enden geknotet und überfilzt – so entstehen zwei Pilzstiele

Fliegenpilz

Die Grundform des Fliegenpilzes wird ebenso wie die eben beschriebene Braunkappe gearbeitet. Um eine weiße Unterseite des Pilzkopfes zu erreichen, wird das erste Päckchen mit weißer Wolle gearbeitet und die zwei letzten Lagen rote Wolle wie eine Haube auf die gewölbte Seite des Pilzkopfes gelegt und angefilzt. Nach dem Walken und Trocknen von Kopf und Fuß werden die weißen Tupfen auf der Haube mit Knötchenstichen und die «Lamellen» an der Unterseite mit langen Stichen zum Pilzrand gestickt. Anschließend wird der Pilzfuß angenäht. Vorsicht: Sehr giftig!

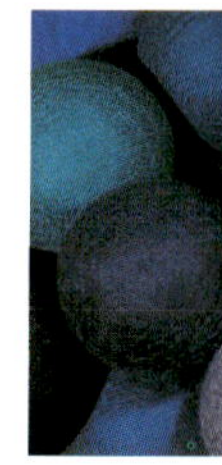

4 Die Schnur

- Was die Filzschnur von der Wollschnur unterscheidet – über Stabilität und Belastbarkeit von Gewalktem
- Filzschnüre – Deko und Spielzeug
- Filzschnur ohne Ende – der Ring
- Schnur, geschnitten oder am Stück
- Badetiere aus Filz

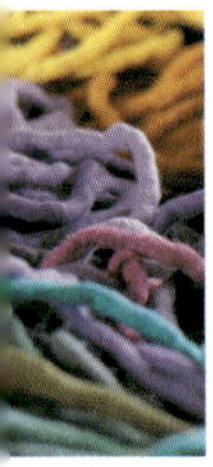

Auch wenn sich viele beim Anblick einer Filzschnur kaum vorstellen können, wozu sie dienen mag, erübrigt sich die Frage «Was macht man denn damit?» spätestens dann, wenn man einer Gruppe von Kindern einen großen Korb mit dicken Filzschnüren und vielleicht einen Stapel alter Stoffe in die Mitte stellt und beobachtet, was geschieht. Die Ideen purzeln nur so. Die Schnüre werden zunächst auf ihre Haltbarkeit geprüft, und los geht's: Verkleidungen, Gürtel und Kopfbedeckungen aller Art entstehen, Tische und Stühle werden zu Behausungen verschnürt, die den Jurten und Nomadenzelten in ihrer einfachen Bauweise verblüffelnd ähneln. Geschenke werden verpackt, Kindergärtnerinnen eingewickelt – eine Lust an Verhüllungen macht sich breit, Christo hätte seine wahre Freude an solch unverbildeter Inspiration… Kurz und gut: Man kann sich kaum vorstellen, welche Mensch-Materie-Verbindungen möglich sind, bevor man nicht eines solchen Filzschnur-Spektakels teilhaftig geworden ist.

Ganz nebenbei eignen sich Filzschnüre ganz wunderbar, spielerisch Knoten und Schleifen zu lernen. Die dicken Schnüre haben eine gute Stärke und Beweglichkeit für die Kinderhände und lassen sich auch leicht wieder aufknoten.

Schnüre sind als Spielzeug in hohem Maß freilassend, sie haben nichts Einengendes und bringen Kinder in Bewegung. Ganz profane Anwendungsformen finden die Schnüre darin etwas anzubinden und hinterherzuziehen oder einfach als Hüpfseile darüberzuspringen. Die Schnüre in individueller Farbe und Länge selbst herzustellen eröffnet den Kindern neue Möglichkeiten in allen gängigen Hüpf- und Fadenspielen.

Aber auch für den Dekobereich, etwa für den einmal ganz anderen Türvorhang, oder für Schmuckvariationen eignen sich Filzschnüre. Natürlich kann auch hier der Filz wieder problemlos mit Muscheln, Perlen usw. durchstochen und bestickt werden. Aus dem Besticken, Rollen und Zusammennähen der Schnüre kann sich noch eine Vielzahl anderer Ideen ergeben.

Kinder verflechten farbige Filzschnüre

Was die Filzschnur von der Wollschnur unterscheidet – über die Stabilität und Belastbarkeit von Gewalktem

So wie die Filzfläche und der Filzball zwei ganz eigenständige Sparten von Form- und Gestaltungsmöglichkeiten in Filz sind, so ist die Schnur ein Teilbereich der Filzerei mit ganz eigenen Herstellungstechniken. An Exponaten in Museen finden sich immer wieder Vorbilder für die Technik des Schnurfilzens in Form von Teppichfransen und sonstigen Verzierungen. Aber auch in der menschlichen Haartracht gibt es aufsehenerregende Beispiele zum Thema Filz in langen Strängen (mehr auf Seite 123). Das fast Erstaunlichste an den Schnüren ist, dass bei der Herstellungsart vieles außer Kraft gesetzt wird, was bisher über Filz gesagt wurde – etwa dass die Fasern kreuz und quer liegen müssen, um sich ordentlich zu verbinden.

Schnüre können am einfachsten aus Kammzügen gearbeitet werden. Mühevoller geht es mit Kardenbändern, sehr aufwendig ist es, eine Schnur aus einem gerollten Vlies zu arbeiten. Bei den Kammzügen sind die Fasern besonders lang gestreckt und parallel liegend und dennoch ergeben gerade Kammzüge besonders feste und runde Schnüre. Auch die Farbgestaltungen von Schnüren sind anderen Regeln als bei der Fläche oder dem Ball unterworfen. Und insbesondere beim Arbeiten von Schnüren macht man sich zunutze, dass sich Filz gegenseitig gut walkt – Filz ist für Filz die beste Reibung.

Von der Verarbeitung und der Belastung sind Filz- und gesponnene Wollschnüre nicht zu vergleichen. Die meisten Wollschnüre sind verzwirnt: Zwei Fäden werden miteinander verdreht, um so eine größere Stabilität zu bekommen. Dennoch sind die Fasern durch Spinnen und Zwirnen nur parallel aneinandergelegt und verdreht. Beim Filzen dagegen verschieben sich die Wollfasern ineinander, verhaken sich und halten sich gegenseitig fest. Das entstandene Gewebe ist von seiner Dichte mit Wollschnüren gar nicht vergleichbar. Filzschnüre können im Prinzip auch aus jeder einfädig versponnen Schafwolle gewalkt werden. Rustikale, verwebte Wollteppiche etwa bestehen oft aus um einen Jutekern herum verfilzten Schnüren. Dieser Kern stabilisiert das ganze Gewebe. Die Schnüre, die wir arbeiten wollen, werden durch und durch massiv aus Wolle gefilzt.

Dabei ist es immer wieder ganz erstaunlich, wie reißfest Filzschnüre sind und welche Lasten sie aushalten. Sie wurden bereits vielen Härtetests unterworfen und sind mannigfach erprobt als Hängemattenbefestigung oder Kletterschnüre für Kinder in Bäumen – noch nie ist es jemandem auch mit beherztestem Ziehen gelungen, eine gut verwalkte Filzschnur in normaler Kammzugstärke zu durchreißen.

Material / Werkzeug

Für Schnüre ist der feine Merino-Kammzug das idealste Material, ausgenommen man möchte ganz dünne Schnüre arbeiten. Dazu können gleich versponnene Wollen verwendet und in der gleichen Filztechnik verwirkt werden. Bei Vliesen ist es sehr mühevoll, die Fläche zu rollen und in eine runde Schnurform zu bringen. Das gleiche gilt für das Kardenband, das eher die Tendenz hat zu einem flachen Band zu verfilzen. Ist kein Kammzug zur Hand, ist das Kardenband aber durchaus eine Alternative.

Neben einer Schüssel mit heißer Seifenlauge ist eine geriffelte Unterlage nötig. Speziell die feine Gitterstruktur einer Auto-Gummimatte ist für das Schnürefilzen sehr gut geeignet.

Filzschnüre – Deko und Spielzeug

Für die ersten Schnurversuche wird ein Kammzug in der handelsüblichen Stärke verwendet. Diese werden normalerweise unifarben in allen möglichen Nuancen angeboten. In seltenen Fällen gibt es aber auch farbig melierte, zusammengekämmte Stränge oder solche, die in Segmenten hintereinander in einem speziellen Färbeverfahren in unterschiedlichen Farben bedruckt wurden. Solche Qualitäten ergeben schöne Effekte.

Die Technik für das Filzen einer Schnur ist sehr einfach:

- Ein Kammzugstrang in der gewünschten Länge wird in die Seifenlauge getaucht.
- Dann wird überschüssiges Wasser ausgestrichen, indem der Strang zwischen Daumen und Zeigefinger – die einen Ring bilden – durchgezogen wird.
- Wie bei den anderen Arbeitstechniken ist zu Beginn des Filzprozesses auch bei der Schnur wichtig: Zunächst behutsam die Oberfläche bearbeiten – erst später wird mit Kraft zur Mitte hin gewalkt. Zu Beginn wird die Schnur auf der Matte lose unter der ganzen Handfläche hin- und herbewegt: Die eine Hand zieht langsam den Strang, die andere Hand rollt ihn auf der Matte.
- Wurde die ganze Länge des Kardenbandes mit dieser Technik einmal lose gerollt, haben sich die Oberflächenfasern bereits leicht verbunden, der Filzprozess ist soweit abgeschlossen, dass jetzt mit dem Walken begonnen werden kann. Sind bis jetzt bereits Fehler wie Falten oder andere Unregelmäßigkeiten in der Schnur entstanden, dann wurde am Anfang bereits zu schwungvoll gearbeitet und das Wollband zu flach gedrückt. Die runde Schnurform muss deshalb immer im Auge behalten werden.
- Zum Walken: Der Strang wird mehrfach zusammengelegt (etwas kürzer als die Mattenbreite) und kraftvoll auf der strukturierten Unterlage gerollt. So bewirkt nicht nur die Matte die Reibung, sondern die zusammengefalteten Schnurstücke reiben sich gegenseitig. Weil die Oberflächenfasern bereits verbunden sind, können sich die aneinanderreibenden Schnurstücke nicht miteinander zu einem unlösbaren Knäuel verfilzen!
- Die Schnur ist fertig, wenn sie auf Zug nicht mehr elastisch nachgibt und die Faserrichtung nicht mehr sichtbar ist.

Es können generell auch dickere Schnüre als solche aus einfacher Kammzugstärke gefilzt werden, dies ist aber nur schwer zu verwirklichen (siehe Ring, Seite 127).

Bunte Schnüre, im Farbverlauf gefilzt

Reizvoll ist es mit den Schnüren zu spielen – auch aus filztechnischer Sicht. In sich bunte Schnüre sind eine erste Variante. Wenn zwei verschiedenfarbige Kammzüge im Farbverlauf aneinander gefilzt werden sollen, dann wird die Farbverbindung in trockenem Zustand vorbereitet:

- Die Fasern an dem Ende eines Stranges werden fächerförmig auseinandergezogen.
- Die Faserspitzen des anderen Farbstranges werden gebündelt in die Mitte des Fächers gelegt.
- Der Fächer wird eingerollt, die Fasern der neuen Farbe eingepackt.
- Die so entstandene trockene Verbindung wird mit beiden Händen fest gefasst, damit nichts verrutschen kann, und in die Seifenlauge getaucht. Vorsicht: Nur diese Stelle der Faserverbindung nass machen, den Rest des Strangs trocken lassen!
- Auf der Matte wird nun gezielt dieser Farbübergang vorsichtig unter einer Hand gerollt und verfilzt, solange bis er fest zusammenhält.
- Der Rest des Kammzugs ist bis dahin noch trocken. Auch bei mehreren Farben werden zunächst alle Farbverbindungen fest verfilzt, erst anschließend der gesamte Strang eingetaucht und wie beschrieben gefilzt und gewalkt.

1. Auffächern und Einlegen der Kammzugspitzen
2. Anfilzen der Verbindung
3. Walken der Verbindung
4. Walken der mehrfach gelegten Schnur

1.

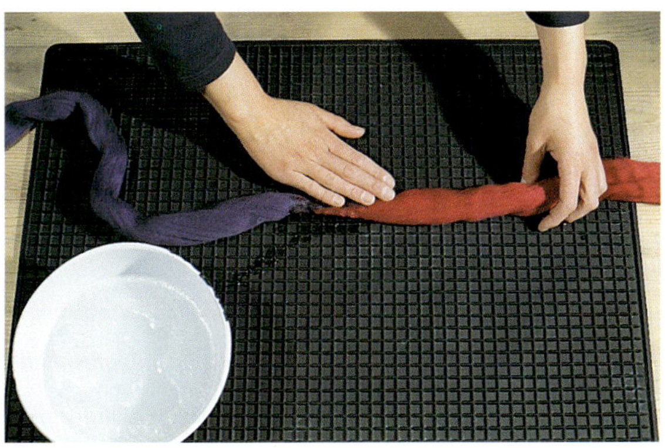

2.

3.

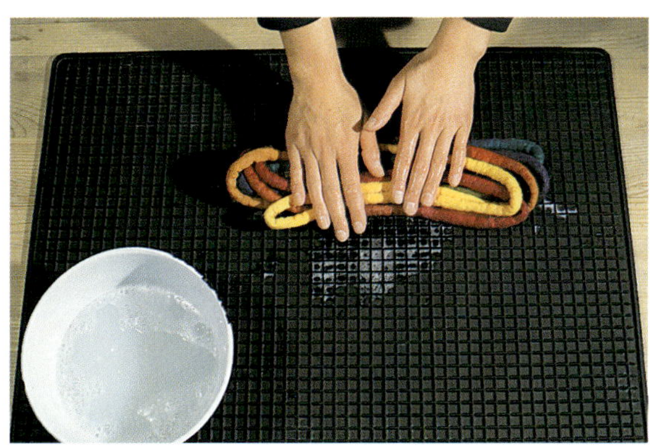

4.

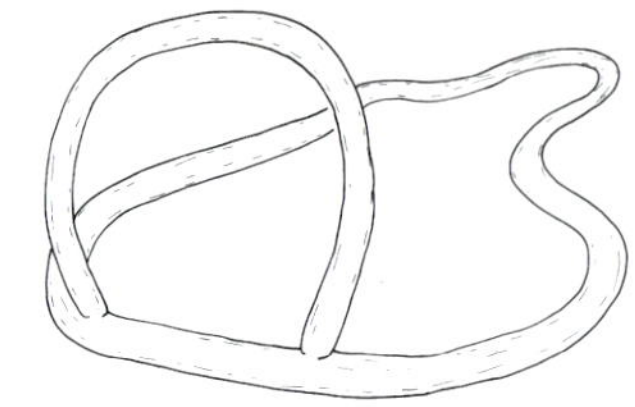

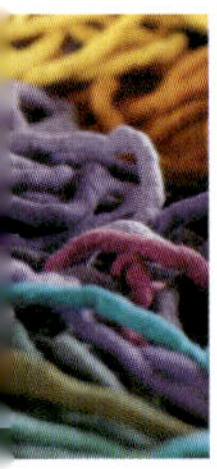

Spring, mein Pferdchen – Schnurverbindungen

Im Kinderspiel spiegelt sich immer auch das Leben der Erwachsenen, es wird spielerisch nachgeahmt, verschiedene Situationen durchgespielt, mit immer neuen Darstellern und Handlungen. Eines der ältesten Spielmotive ist Pferd und Reiter. Als es noch keine Autos gab, war das «Pferdchen-Spielen» sicher noch gängiger als heute, es ist aber nach wie vor beliebt. Einzig nötiges Spielgerät: Ein Pferdegeschirr.

Grundgerüst des Pferdegeschirrs ist die Filzschnur mit einer technischen Besonderheit: Es sind Schnurverbindungen nötig – das Ende einer Schnur wird in der Mitte eines Stranges eingesetzt:

Ein etwa zwei Meter langer Kammzugstrang wird am Anfang und Ende zu einem Ring verbunden (siehe Farbverbindung, Seite 118 f). Hierbei wird vorerst nur die Verbindungsstelle mit Seifenlauge gearbeitet, der Rest des Wollstrangs bleibt trocken! Die beiden Enden eines kürzeren Kammzugstückes (etwa 80 Zentimeter lang) werden dann im Abstand von 20 bis 25 Zentimeter in den noch trockenen Teil des großen Kammzugrings eingesetzt. Für die Verbindungen werden an den vorgesehenen Stellen die Fasern des Wollstrangs des großen Ringes etwas auseinandergezogen, so dass sich kleine Taschen bilden. Die Enden des kurzen Strangs werden etwa auf fünf Zentimeter auseinandergespalten und in die Taschen eingesteckt. Diese Verbindungsstellen werden stabil gefasst, in die heiße Seifenlauge getaucht und mit mehreren Flocken kreuz und quer überfilzt, so dass an dieser Stelle eine kleine Verdickung entsteht, auf die später Verzierungen (Schellen, Perlen und ähnliches) aufgenäht werden können.

Kinderspiel mit gefilztem Pferdegeschirr

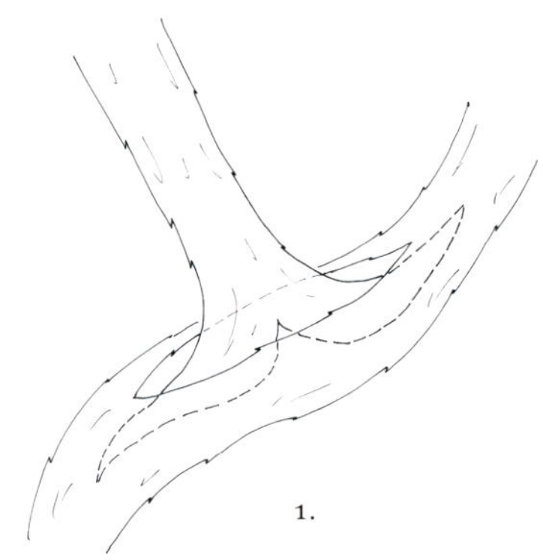

1.

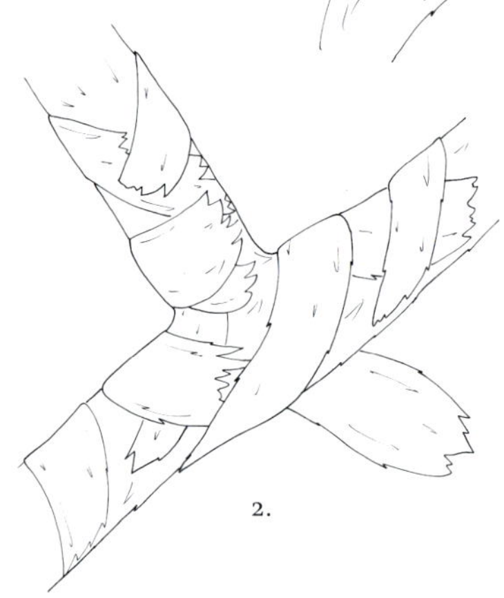

2.

1. Einsetzen der Kammzugspitzen für rechtwinklige Schnurverbindung
2. Überfilzen der Verbindungsstelle mit kleinen Wollflocken

Pferdegeschirr mit Filzperlen
und Schellen verziert

Wollhaar – Menschenhaar – Filzschnüre als Haarschmuck

Zum Tema «Haar in Strängen oder zu Schnüren verfilzt» muss gar nicht so weit ausgeholt werden, um in der Natur bekannte Vorbilder und Parallelen zu finden. Das Naheliegendste ist der menschliche Schopf, der Pelz auf dem Haupt. Menschenhaar selbst ist nicht so leicht zu verfilzen wie das Wollhaar des Schafes. Und dennoch ist es möglich. Es wird seit Jahrtausenden gezielt gemacht, teilweise aus religiösem, heute häufig aus lebensphilosophischem Hintergrund.

Bunte Haarschnur um einen Dutt gewickelt

Dreadlocks oder Rastalocken werden sie genannt, die Frisuren, nach denen man sich umdreht – Köpfe, die aus dem Straßenbild in unseren Städten herausragen. Dreadlocks bedeutet wörtlich aus dem Englischen übersetzt: Schreckenslocken, Locken zum Fürchten, fürchterliche, schreckliche Locken. – Oder vielleicht (zu Filzschnüren) erschrockene Locken?

Uralte Tradition hat diese Haartracht bei Menschen in vielen Kulturen, wie etwa den Asketen in Indien. Sie haben sich für ein einfaches Leben auf einer in der Gesellschaft anerkannt hohen geistigen Ebene entschlossen. Die Länge der verfilzten Haare gibt auch Aufschluss über die Dauer ihrer Wanderschaft und den Weg, den sie gegangen sind.

Obwohl Menschenhaar vom Prinzip genauso wie das Schafhaar aufgebaut ist, filzt es lange nicht so gut. Das liegt zum einen daran, dass Menschenhaar wesentlich stärker ist als die gut filzfähigen Bestandteile des Schafwollkleides. Und es ist wesentlich glatter und weniger gekräuselt. Selbst sehr lockige menschliche Haare kommen an die feine Kräuselung guter Filzwollen bei weitem nicht heran. Menschen mit starker Naturkrause erreichen jedoch wesentlich schneller ihre Dreadlock-Zierde als jemand mit geraden, glatten Haaren.

Am Beispiel des Menschenhaares wird noch einmal das Prinzip des Schnurfilzens anschaulich: Viele parallel liegende Haare verfilzen sich lediglich durch die Kräuselung und ein paar «Querschläger», die sich gegen die vorherrschende Faserrichtung arbeiten und den gesamten Haarstrang zu einer festen Schnur verbinden.

Menschenhaare lassen sich aber nicht nur zu Schnüren verfilzen, sondern auch prima mit verfilzten Wollhaaren schmücken. Gerade diese haarige Verwandtschaft macht eine Filzschnur als Haarschmuck, mit der die Haare zusammengebunden oder verflochten werden, interessant. Filzschnüre sind dafür auch sehr geeignet, weil sie – gut verfilzt – nicht im Haar rutschen. Das mit einer Filzschnur zum Knoten, zum Dutt gebundene Haar hält fest. Auf Haarnadeln oder Klammern, mit denen sonst das gebundene Haar gebändigt und an seinem bestimmten Platz gehalten werden muss, kann verzichtet werden. Es genügt sogar, wenn die Filzschnur am Ende unter den Haarknoten geschoben wird. Sie ist sehr griffig und hält sich im gebunden Haar von selbst fest.

Um Filzschnüre gut in die Haare binden zu können, empfiehlt es sich einen Kammzugstrang zumindest einmal zu teilen. Die Filtzechnik ist auch bei dünneren Schnüren die gleiche wie bei den dicken Kammzugstärken. Für lange bunte Haarschnüre im Farbverlauf werden mehrere Kammzugstücke mit jeweils etwa 50 Zentimeter Länge in mehreren Tönen einer Farbfamilie (Ton in Ton) aneinandergefilzt (siehe bunter Farbverlauf, Seite 118)

Indischer Asket mit verfilzten Haarsträngen (oben); mit hochgesteckten Haaren (unten)

Dünne Regenbogenschnüre

Ganz dünne Filzschnüre können gleichermaßen als Haarschmuck, speziell zum mehrfachen Mit- und Einflechten, verwendet werden. Interessant kann es dabei sein, den eigenen Echthaarzopf durch Einflechten einer dünnen Filzschnur beliebig zu verlängern. Ganz dünne bunte Regenbogenschnüre eignen sich aber auch gut für alle Arten von Verzierungen auf Textilien oder Kleidungsstücken. Sie können einfach mit der Nähmaschine auf Stoff gesteppt werden.

Eingeflochtene Regenbogenschnüre bringen Farbe ins Haar

Ganz dünne Regenbogenschnüre haben höchstens ein Achtel der Kammzugstärke. Sie in kurzen Farbsegmenten gleichmäßig aneinander zu filzen ist in dieser geringen Stärke aufwendig und nicht ganz einfach (Grundtechnik siehe Seite 118 f). Wer des Handspinnens mächtig ist, kann sich auch noch anders behelfen: Wolle einfädig in kurzen, unterschiedlich farbigen Abschnitten aneinander spinnen, lose verzwirnen und dann filzen und walken. Der «Bouclé-Effekt» wird erreicht, wenn die Schnur nach einem flüchtigen Anfilzen sofort wie ein Knäuel in den Händen gewalkt wird – so können sich die Fasern auch in der Längsrichtung verdichten.

Eine Variante der ganz dünnen Schnur ist die «Endlosschnur», bei der die beiden Enden zusammengefilzt werden. Werden unterschiedliche Farben aneinandergefilzt, so müssen die Enden trocken bleiben, bis alle Farbverbindungen verfilzt sind. Erst am Schluss werden die beiden Enden miteinander verbunden (wie bei der Pferdeleine, Seite 120 beschrieben). Solche Schnüre können als Armschmuck ums Handgelenk getragen werden und sind nebenbei ein prächtiger Pulswärmer. Auch für die klassischen Fadenspiele, bei denen solche Endlosschnüre in immer neuen Mustern zwischen Kindern von einem Händepaar aufs andere gehoben werden, und für diverse Zaubertricks kann man sich eine Endlosschnur selbst herstellen.

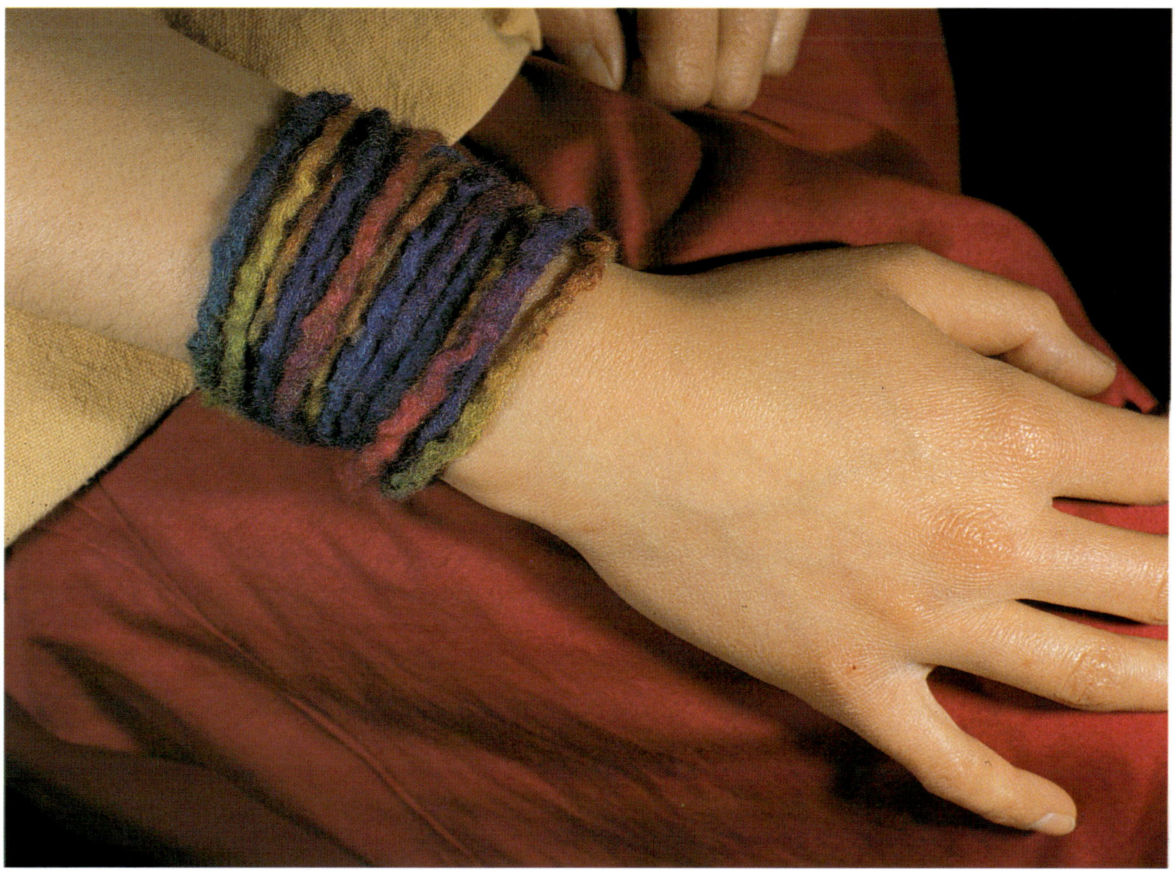

Endlosschnur um Handgelenk
(unten)

Filzschnur ohne Ende – der Ring

Wie die Schnur so ist auch deren mögliche Variante, der Ring, ein althergebrachtes Spielgerät, das sich für vielerlei Aktivitäten anbietet. Er kann aber auch zu Schmuck weiterverarbeitet werden, zu Armreifen, Halsringen, einfarbig, im Farbverlauf oder gar gemustert.

Der Ring ist ein Formbeispiel für eine interessante Weiterverarbeitung der Schnur: eine Endlosschnur, dicker als die Stärke des Kammzugstrangs. Bei diesem Vorhaben müssen die zu einem Ring parallel liegenden Kammzüge zusätzlich durch feine, zur Faserrichtung quergelegte Flöckchen umwickelt und umfilzt werden. Diese Ringe können in beliebigen Größen und Stärken gearbeitet werden.

1.

2.

1. Trockene Kammzüge werden mehrfach zu einem Ring gewickelt …
2. … und mit kleinen Wollflocken kreuzweise umfilzt

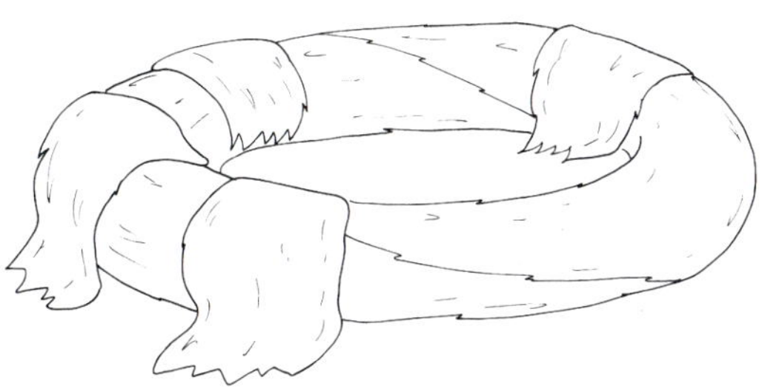

Schnur, geschnitten oder am Stück

Bei all der Verdichtung zur Mitte hin und dem Geheimnis, was im Inneren geschieht, überkommt einen manchmal der Entdeckerdrang und man will wissen: «Wie sieht das innen aus?» Genauso wie man Bälle aufschneiden und sich von den Farbschichten, geheimnisvollen Mustern und Marmorierungen im Innern überraschen lassen kann, ist es auch möglich, Schnüre innen vielfarbig zu arbeiten und gleich einer Salami in Scheiben aufzuschneiden. So entstehen ganz neue Gestaltungsmöglichkeiten – wenn die Schnüre hart und stabil gewalkt worden sind, können davon abgeschnittene Scheiben als Knöpfe oder Verzierungen weiterverarbeitet werden. Für andere Verwendungsarten können sie in Verbindung mit Papier, Holz oder anderem eingesetzt werden. Eine weitere Möglichkeit ergibt sich, wenn die Schnüre nur sehr lose verfilzt sind (Vorfilzqualität). In sehr feine, dünne Scheiben geschnitten kann man sie wie beim Arbeiten mit Vorfilz für die Mustergestaltung oder als Ornamente in eine Filzfläche einarbeiten.

Schnurabschnitte auf Visitenkarten

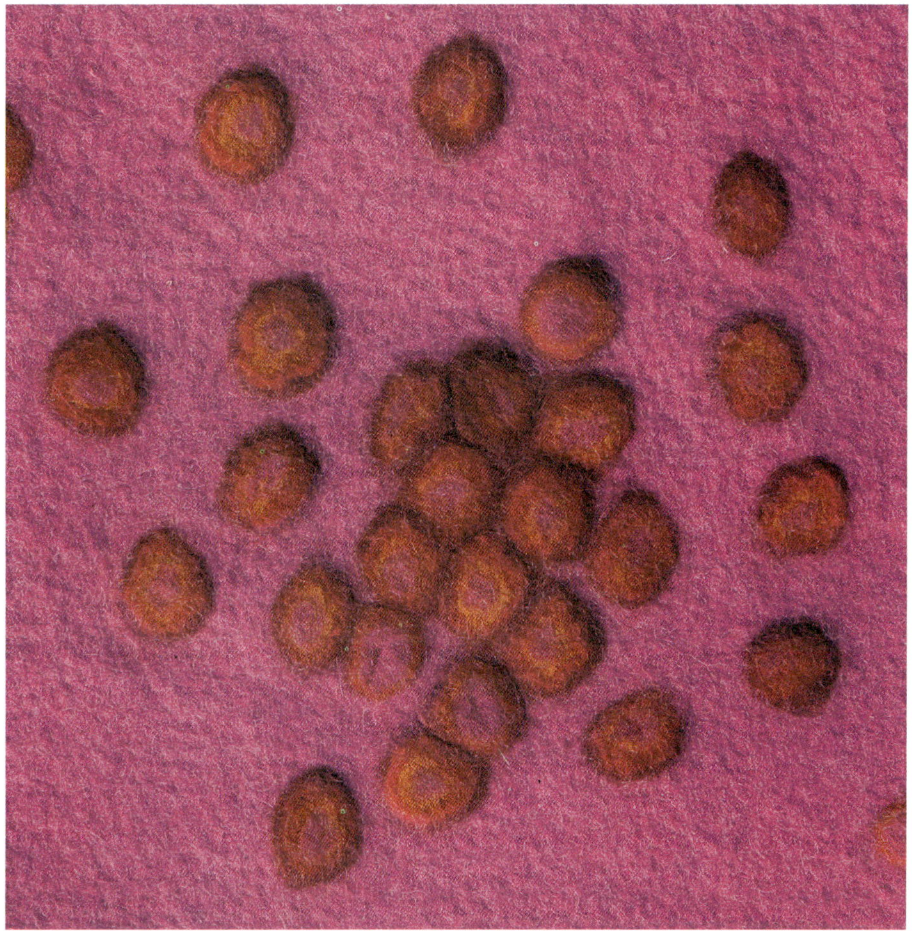

Schnurabschnitte
in eine Filzfläche eingefilzt

Für die innen bunte Filzschnur wird eine Fläche bunt ausgelegt. Zwei verschiedene Farbschichten aufeinander ausgelegt, die von der Längsseite eingerollt werden, ergeben eine Spirale im Inneren; eine unifarbene Fläche mit vielen verschiedenen Farbstreifen am unteren Rand (von wo aus eingerollt wird) ergibt Schnurabschnitte mit bunten Tupfen in der Mitte.

Einer Roulade gleich wird diese Fläche in sich eingerollt und am Anfang sehr lose auf der Arbeitsunterlage hin- und herbewegt, damit sich die Oberfläche verfilzt. Dann wird die Rolle beim Walken zur Mitte hin kräftig bearbeitet, damit sich die Wolllagen gut verbinden. Je nach Dicke der Schnur werden die Scheiben mit einer guten Schere oder einem scharfen Messer abgeschnitten.

Fläche für eine
innen buntgemusterte Schnur
wird gelegt (oben),
begossen und eingerollt
(unten)

Badetiere aus Filz

Gefilzte Tiere, Figuren, Bälle, Schnüre ins Wasser? Als Badetiere in die Wanne oder als Spielzeug in einen See? – Warum eigentlich nicht? Sie kommen aus dem Wasser. In den heißen schäumenden Wogen der Seifenlaugenschüssel haben sie ihre Form erhalten und gedenken diese auch nicht so schnell wieder zu verlieren, vorausgesetzt, sie sind stabil und gut gearbeitet. Die im Folgenden vorgestellten Filztiere sind Spielformen, die sich direkt aus den Grundformen Ball, Schnur und Fläche ergeben.

Sie werden insbesondere nach dem Ballprinzip von der Oberfläche zur Mitte hin ganz dicht gewalkt. Weil sie durch und durch aus Filz gearbeitet werden, sind diese Tiere besonders stabil, wobei die geforderte Stabilität auch vom Verwendungszweck abhängt. Wird mehr auf den Dekorationswert geschaut und auf die skulpturelle Gestaltung der Oberfläche mit ausgearbeiteten Details Wert gelegt, bietet sich eine andere Technik an. Hier sollen einfache Formen vorgestellt werden, die zum Teil nur stilisiert sind, dafür aber hart und stabil gewalkt werden, damit sie sämtlichen Exzessen eines Wannenbades gewachsen sind.

Eines der ersten Wassertiere aus Filz, wenn auch kaum für die Badewanne bestimmt, ist rund 2400 Jahre alt und eine ethnologische Kostbarkeit: Ein ausgestopfter, aus Filzstücken genähter Schwan. Er wurde in einem Grab bei Pazyryk im Altai-Hochland in Sibirien gefunden. Neben anderen Filzgegenständen überdauerte der Schwan die Jahrhunderte, weil Wasser in die Grabkammern sickerte und in dieser ganzjährig kalten Region zu Eis gefror. Er saß zusammen mit drei weiteren Schwänen an den vier Ecken einer Kutsche. In dieser Zeit wurde solchen kunstvollen Symbolen neben der reinen Dekoration noch magische Bedeutung zugesprochen. Die Schwäne hatten die Aufgabe, die Seelen der Toten gen Himmel zu tragen.

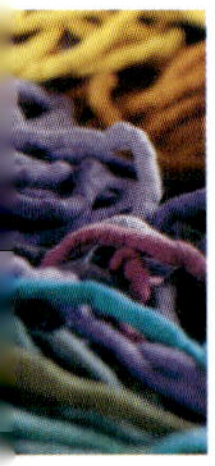

Schnur + Ball = Schlange: Eine neue Spielerei beginnt

Eine Kombination der Arbeitstechniken von Schnur und Ball ist für die Entstehung einer Schlange nötig. Dafür wird – wie für die Schnüre – idealerweise Wolle im Kammzug verwendet. Der Kammzug muss so lange gewählt werden, wie die Schlange lang werden soll, zuzüglich 20 Zentimeter für den Kopf sowie 10 % für die Schrumpfung der Schnur. Was den Ball betrifft, so handelt es sich hierbei um keinen «waschechten» eigens gearbeiteten Filzball, sondern zunächst nur um einen Knoten, der zehn Zentimeter vor dem Ende in den Kammzug lose geknotet wird. Die überstehenden zehn Zentimeter werden rund herum in alle Richtungen über den Knoten zurück gebogen. Die so entstandene Keule am Kammzugende wird stabil gefasst, in die Lauge getaucht und mit kleinen Flocken der gleichen Farbe überfilzt, die bereits vorher mit trockenen Händen bereitgelegt wurden. Gefilzt wird der Schlangenkopf wie ein Ball in beiden Händen. Hierbei muss auf den Schlangenhals besonders geachtet werden. Bis die kleinen Flöckchen ihre erste Oberflächenverbindung eingegangen sind und dort festhalten, wo sie bleiben sollen, neigt man dazu sie über den Hals nach unten zu streichen, so dass dort kropfähnliche Verdickungen entstehen. Ist der Kopf verfilzt, wird der Schlangenkörper wie die Schnur bearbeitet. Beim Walken abwechselnd den Schlangenkörper wie die Schnur bearbeiten und den Kopf in eine annähernd runde Ballform bringen.

Nach der Fertigstellung kann die Kopfform der Schlange etwas betont werden, indem zwei schwarze Glasperlen mit einem fest angezogenen Garn quer durch den Kopf als Augen befestigt werden.

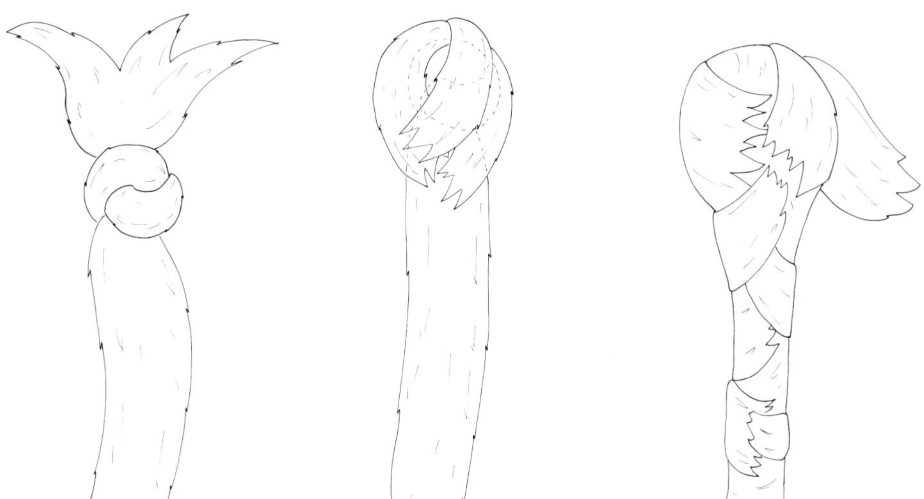

1. 2. 3.

1. Für den Schlangenkopf wird ein Kammzugende geknotet …
2. … die Faserenden werden sternförmig über den Knoten zurückgebogen …
3. … und mit kleinen Flocken überfilzt

Ein Octopus hat doch nur acht Beine

Der im Mittelmeer häufig anzutreffende gemeine Krake, genannt Octopus (*Polypus vulgaris*), hält sich auch in Badewannen oder an den Stränden von Binnenseen gerne auf. Doch keine Angst, die Berichte von Riesenkraken, etwa des norwegischen Bischofs Pontoppidan, dürften mit reichlich Seemannsgarn versponnen oder gar verfilzt sein. Der Geistliche will einen inselartig aus dem Wasser auftauchenden Riesenkraken-Körper mit zweieinhalb km Durchmesser gesehen haben.

Wie der Name schon sagt: Der Octopus hat doch nur acht Beine. Auch wenn der hier gezeigte der Proportionen wegen doppelt so viele Greifarme aufweist. Die schnurförmigen Arme dienen als Greiflinge für kleine Leute oder baumeln von einem Stapel Frotteehandtücher, auf denen der Octopus im heimischen Bad als Wächter thront.

Filztechnisch gesehen ist der 16-armige Kopffüßler ein weiteres Beispiel für eine Ball-Schnur-Verbindung. Die Tintenfische haben unsere Werkstatt in zwei Größen verlassen (die Angaben für den kleinen Octopus stehen jeweils in Klammern).

Es wird ein faustgroßer, lose gefilzter Ball mit acht Zentimeter Durchmesser (fünf Zentimeter) vorbereitet. Für dieses Innenleben des Octopus spielen Farbe oder Qualität der Wolle keine Rolle. Weiter werden acht (fünf) Kammzugstränge von einem Meter (70 Zentimeter) Länge aus jeweils einer Farbfamilie bereitgelegt. Ebenso wird ein weiterer Kammzug der gleichen Länge in der gewünschten Kopffarbe in kleine Flocken gezupft.

Die Kammzugstränge werden kreuzweise über den Ball gelegt, so dass aus jedem Strang zwei etwa gleich lange Füße entstehen. Unter dem Ball, also am «Hals» werden die Kammzüge mit Zeigefinger und Daumen zusammengehalten, fixiert. Jeder Fuß wird, sobald er über den Ball gelegt wurde, in die heiße Seifenlauge eingetaucht und das überschüssige Wasser zwischen Daumen und Zeigefinger behutsam wieder ausgestrichen (oberflächliches Verfilzen). Vom letzten auf dem Kopf platzierten Fußpaar wird von einem Fuß ab dem «Hals» nach unten ein dünner Wollstrang abgespalten, verdreht und um den «Hals» gewickelt, um die Füße zusammenzuhalten.

Dann werden die vorbereiteten Flocken auf den Kopf aufgetragen und angefilzt. Dabei ist besonders auf den «Halsbereich» zu achten, dass der verdrehte Wollstrang überfilzt wird. Dann wird der Octopus auf einer Unterlage gewalkt, wobei man sich wieder die Fähigkeit des Filzes (in diesem Fall die Kammzüge der Füße) zunutze macht, sich gegenseitig zu reiben. Dabei muss auch immer wieder der Kopf in Form gebracht und an der Oberseite bearbeitet werden. Die Enden der Füße können mit einer Schere reguliert und nochmals überfilzt werden. Schließlich bekommt der Octopus noch zwei Glasaugen, die mit einem festangezogenen Zwirn angenäht werden.

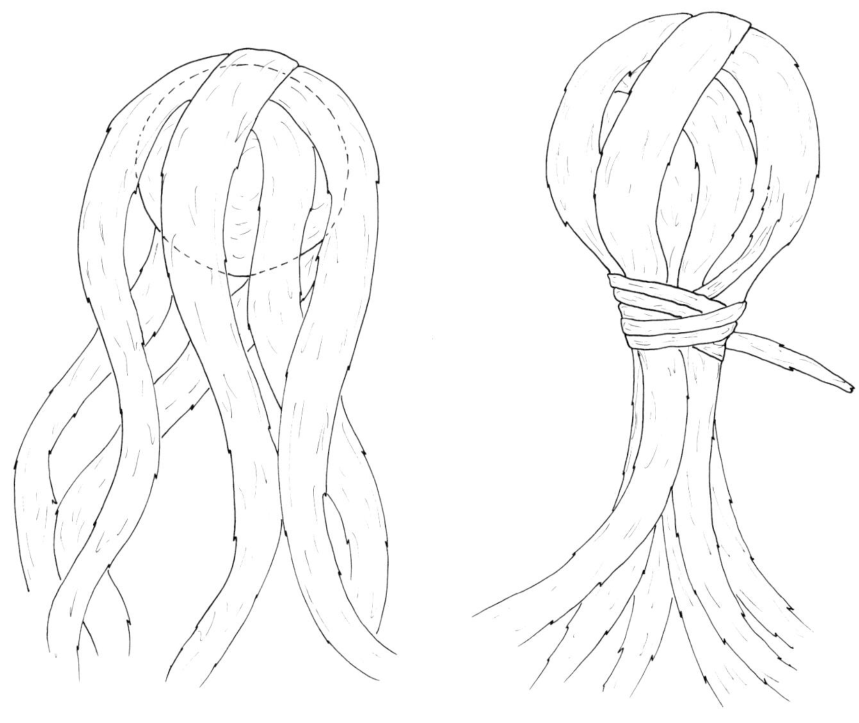

Der Octopus-Hals wird abgebunden

Die Ente – zwei Bälle, eine Schnur

Ihre Kollegin, die klassisch gelbe Plastikente, ist Dauergast in der Badewanne. Doch: Schwimmt die klassisch gelbe Plastikente aufrecht im Wannenschaum? Nein, sie kippt. Die Filzente auch. Alle Bemühungen, der Filzente einen Schwerpunkt für aufrechtes Schwimmen einzufilzen, wurden fallengelassen nach der Erkenntnis, dass es keine aufrecht schwimmenden Wannenenten – aus welchem Material auch immer – gibt.

Für die Ente werden zwei Filzbälle vorbereitet, ein kleiner (etwa fünf Zentimeter Durchmesser) und ein größerer (etwa zehn Zentimeter Länge) wobei dieser von vornherein leicht oval gewickelt werden muss, um einen länglichen Entenkörper zu erreichen.

Bevor die Kugeln zusammengesetzt werden, wird der Unterbau des Schnabels am Entenkopf angebracht: Hierfür wird ein trockener, dünner Kammzugstrang (etwa 20 Zentimeter lang) in der gewünschten Schnabelfarbe benötigt. Dieser wird in der Hälfte des kleinen Balles um den Kopf gelegt, die beiden überstehenden Enden vorne am Schnabelansatz zusammengenommen und in sich wie eine Kordel stark verdreht. Die so entstandene Kordel wird auf Schnabellänge zum Kopf zurückgeklappt, die Faserenden mit den Fingern am Kopf festgehalten und der so entstandene Kordelansatz mit kleinen Flöckchen (in der Schnabelfarbe) und heißer Seifenlauge überfilzt. Die Flöckchen dürfen über den Schnabelansatz weit in das Gesicht der Ente hineinreichen – der Schnabel muss sehr gut mit dem Kopf verbunden werden.

Im nächsten Schritt wird der Kopf auf den ovalen Körper gesetzt und mit langen Fasern wie bei der Birne (siehe Seite 98) verbunden. Mit der endgültigen Entenfarbe, die nun aufgetragen wird, werden gleichzeitig alle Fasern, die den Schnabel am Kopf halten, überfilzt. Hier wird nun entschieden, ob es eine klassische, gelbe Badeente werden soll (doch welche Ente ist schon gelb?) oder ob die Farbe des Tieres der natürlichen von Erpel und Gattin angenähert wird.

Die Größe der zu filzenden Ente überschreitet in der Regel das Maß, das zwei Hände noch stabil fassen können, um so viel, dass das erste aufeinander- und aneinanderfilzen der beiden Bälle bei diesen Tieren eine ziemliche Zitterpartie sein kann. Man hat ein nasses, unförmiges Gebilde vor sich, das einen phasenweise den Mut verlieren lässt. Nicht verzagen! Die letzte Ausformung geschieht stets beim Walken.

Die Ente besteht aus zwei Bällen und wird auch ausschließlich in beiden Händen so wie der Ball gewalkt. Zusätzlich wird der Schnabel zwischen den Fingern gerieben, der Hals mit den beiden äußeren Handkanten gegeneinander bearbeitet und der Bürzel zwischen den zum Kreis geformten Zeigefinger und Daumen in Form gebracht.

Auch hier werden am Ende kurz überhalb des Schnabels mit einem stark angezogenen Zwirn zwei Glasaugen angebracht.

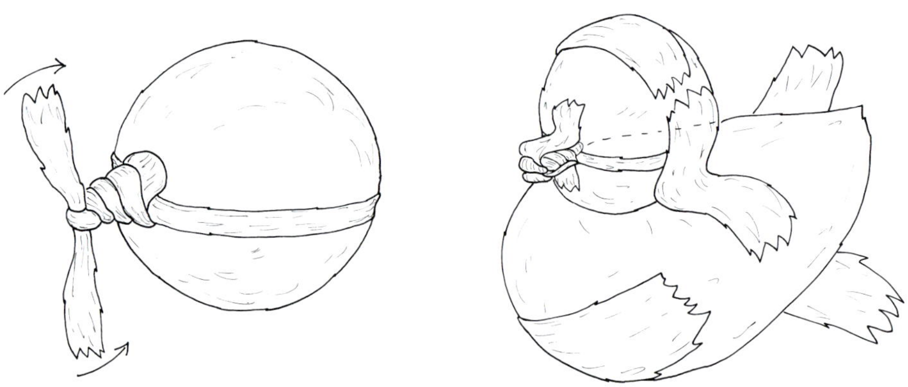

Entenschnabel anfilzen (links); Entenkopf auf Körper (rechts)

Der Fisch – Arbeiten über Filzschablonen

Im Reigen der Wannentiere darf der Fisch nicht fehlen. Mit seiner Entstehungsart, Fläche und Ball zu einer plastischen Fischform zu verbinden, können Konturen, die ansonsten massiv aus Rohwolle nur schwierig aufgebaut werden können, einfach erreicht und plastisch hervorgehoben werden. Um diese Kontur zu arbeiten, wird ein Rest einer fertigen, relativ starken Filzfläche benötigt (etwa drei bis fünf Millimeter dick). Diese darf sehr hart gewalkt sein, Vorfilzstücke eignen sich nicht! Aus dieser Fläche wird die gewünschte Form geschnitten, die einer Schablone gleich das Innenleben des Fisches bilden wird. Zwei faustgroße, sehr lose gewickelte und angefilzte Bälle werden von beiden Seiten auf die Schablone flach gedrückt. Nun wird der ganze Fischkörper mit kleinen Flocken der gewünschten Grundfarbe überfilzt und außen mit kleinen bunten Flocken als Schuppen oder sonstigen Maserungen verziert. Wenn die Oberfläche verbunden ist, wird der Fisch zwischen beiden Händen gewalkt. Am Ende werden zwei Augen eingenäht.

Dieses Fisch-Prinzip ist die gleiche Technik, mit der auch aus Platten geschnittener Filz (siehe auch Seite 91) umfilzt werden kann. Der Filz-Restfleck als Innenleben ist eine reelle Alternative zum Schaumstoff. Fische mit Schaumstoffinnenleben sind jedoch leichter, elastischer und können am Ende des Badespaßes besser ausgedrückt werden.

Eine Fischform aus hart gewalktem Filz erhält zwei lose Bälle als Körper (oben); der ganze Fisch wird mit kleinen Flocken überfilzt (unten)

Ein ländlich-bäuerliches Enten-Suchbild oder: Ente gut, alles gut.

Literatur

Brunner, Helmut: Altägyptische Erziehung, Wiesbaden, 1957.

Burkett, Mary E.: Die Kunst des Filzens, Chur, 1997.

Centrale Marketinggesellschaft der deutschen Agrarwirtschaft: Deutsche Zuchtschafe, Bonn.

Collingwood, Peter: Textile Strukturen, Bern/Stuttgart, 1988.

Damgaard, Annette: Filt – kunst – teknik – historie, Forlaget Horedland, Denmark, 1994.

Das Tierreich nach Brehm, Bertelsmann Leserring, Hamburg, 1953.

Evers, Inge: Felt Making, Techniques and Projects, Asheville, North Carolina, 1987.

Fittà, Marco: Spiele und Spielzeug in der Antike, Stuttgart, 1998.

Flitner, Andreas: Spielen – Lernen, Praxis und Deutung des Kinderspiels, München, 1972.

Fraser, Antonia: Spielzeug, Oldenburg/Hamburg, 1966.

Goldstein, M. u. Beall, C.: Die Nomaden der Mongolei, Nürnberg, 1994.

Hirzel, Stephan: Spielzeug und Spielware, Ravensburg, 1956.

Huizinga, Johan: Homo Ludens, Vom Ursprung der Kultur im Spiel, Hamburg, 1956.

Katalog München: Die Mongolen, Staatliches Museum für Völkerkunde München, Band 1 und 2, März–Mai 1989.

Katalog München: Gold der Skythen, Aus der Leningrader Eremitage, München, Dezember 1984.

Krag Hansen, Birgitte: Filt i Form, Koppenhagen, 1992.

Kramer, Rita: Maria Montessori, Leben und Werk einer grossen Frau, Frankfurt/M, 1983.

Kunze, Albert (Hrsg.): Yörük, Nomadenleben in der Türkei, München und Wuppertal, 1994.

Lang, Marlène: Türkisches Filzhandwerk, Basel, 1991.

Marron, Henrie-Irénée: Geschichte der Erziehung im klassischen Altertum, Paris, 1955.

Pufpaff, Suzanne: Nineteenth Century Hat Maker's and Felter's Manuals, Hastings, 1995.

Retter, Hein: Spielzeug, Handbuch zur Geschichte und Pädagogik, Weinheim/Basel, 1979.

Ringelnatz, Joachim: In kleiner Auswahl als Taschenbuch, 19. Aufl., Berlin, 1982.

Röhrs Hermann: Die Reformpädagogik und ihre Perspektiven für eine Bildungsreform, Donauwürth, 1991.

Sjöberg, Gunilla Paetau: Filzen, Alte Tradition – modernes Handwerk, Bern/Stuttgart/Wien, 1995.

Stein, Wynfrith: Schurwolle aus Neuseeland, Objekt-Verlag, Düsseldorf.

Turnau, Irena: Hand Felting, In Europe and Asia, Warschau, 1997.

Ullmanns Enzyklopädie der industriellen Chemie, 4. Aufl., 1978.

Bildnachweis

Bellew Publishing Company (Copyright), aus: Peter Collingwood, Textile Strukturen, Paul Haupt Verlag 1988: Seite 80
Filzfabrik Fulda GmbH & Co: Seite 15.
Geiger W., Oberstdorf: Seite 30
Lang, Marlène, Ettingen / Schweiz: Seite 40
Norsk Folkemuseum, Oslo: Seite 74
Sabbadini, Andrea, Rom: Seiten 78, 79
Schmid, Bernhard, Augsburg: Seiten 22 (2), 25, 29, 43, 45 (3), 46, 77, 91, 120, 121
Utzerath, Erika, Augsburg: Seite 123 (2)
Vereinigte Filzfabriken AG, Giengen: Seiten 23, 26, 35 (unten)
Weinschenk, Hella, Deggendorf: Seite 81

Bezugsadressen für Wolle und Filzzubehör

Deutschland:

Woll-Manufaktur Filges
Wollkämmerei und Pflanzenfärberei, Bioland Verarbeitungsbetrieb, Alte Kirchstrafle 10, 33803 Steinhagen, Telefon 05204/88505, Fax 05204/88512

Filzrausch, Frieder Glatzer, Hagenweg 2b, 37081 Göttingen, Telefon 0551/67515

Die Wollfabrik, Gertrud Huppertz GmbH&Co Lürriper Straße 373–393, 41065 Mönchengladbach, Telefon 02161/603059, Fax 02161/603285

Sonja Fritz, Wollwerkstatt, (Lohnkardieren, Waschen, Pflanzenfärben) Forsthausstrafle 7, 4420 Oberrot-Neuhausen, Telefon/Fax 07977/1684

Seehawer und Siebert, Heuberger Hof 1, 73108 Rottenburg am Neckar, Telefon 07472/3019, Fax 07472/24207

Majo's Wollknoll, Bodelshofer Weg 66, 73230 Kirchheim-Ötlingen, Telefon 07021/976740, Fax 07021/976741

Friedrich Traub, Schorndorfer Straße 18, 73650 Winterbach, Telefon 07181/70910, Fax 07181/709111

Schäfereigenossenschaft Finkhof e.G. Arnach, St. Ulrich-Str. 1, 88410 Bad Wurzach, Telefon 07564/931711, Fax 07564/931712

Schafwollkämmerei Gerhard Eischer Adlerstraße 1, 91580 Petersaurach, Telefon 09872/2423, Fax 09872/2405

Schweiz:

SACO SA,
ch. des Valangines 3, 2006 Neuchâtel,
Telefon 032/7243080

Schweiz. Inlandwollzentrale,
3360 Niederönz-Herzogenbuchsee,
Telefon 062/9566868

Burkhard-Dreier AG,
Lochbachstraße 1, 3414 Oberburg,
Telefon 034/4222634

Zürcher & Co.,
Lyssach, 3422 Kirchberg,
Telefon 034/4455161

Schulheim Sunneschyn,
Eisenbogenstraße 35, 3860 Meiringen,
Telefon 033/9723700

Spycher Handwerk, H. U. Grädel,
4953 Schwarzenbach/Huttwil,
Telefon 062/9621152

FKW, Freie Kreative Textilwerkstatt,
Sägestraße 14, 5600 Lenzburg,
Telefon 062/8915335

Wollspinnerei Walter Vetsch,
7231 Pragg-Jenaz,
Telefon 081/3321372

Verena Zortea,
Allmedhölzliweg 4, 8810 Horgen,
Telefon 01/725 75 80

Wollkarderei H. Ettlin,
9472 Grabs SG,
Telefon 081/7714212

Österreich:

Ursula Szabo
2034 Großharras 49
Telefon 02526/427

ÖNW, Verein zur Förderung österr. Naturwolle,
Steinbachrotte 16, 3184 Türnitz,
Telefon 02769/678, Fax 02769/7371

Textilwerkstatt Haslach/Oberösterreich,
Sternwaldstraße 37, 4170 Haslach,
Telefon 07289/72180

Salzburger Wollstadel/Pongau,
Dorfwerfen 53, 5452 Pfarrwerfen,
Telefon/Fax 06468/8377

Willi Huber, Wollwarenerzeugung, Spinnerei,
5571 Mariapfarr,
Telefon 06573/8279

Salzburger Wollstadel/Lungau,
Sauerfeld 40, 5580 Tamsweg,
Telefon/Fax 06474/8164

Salsburger Wollstadel/Pinzgau,
Wilhelmstall, 5733 Bramberg,
Telefon/Fax 06566/8679

Schafwollspinnerei und Teppicherzeugung
Hugo Jordan,
6252 Breitenbach/Inn,
Telefon 05338/7670

Landwirtschaftliche Haushaltungsschule
Schloß Feistritz,
8843 St. Peter a. K.,
Telefon 03536/238

(Bezugsquellenverzeichnis ohne Anspruch auf Vollständigkeit)

John Gillow, Bryan Sentance

Atlas der Textilien

Ein illustrierter Führer durch die Welt
der traditionellen Textilien

240 Seiten, 551 farbige und 227 s/w Abbildungen,
gebunden mit Schutzumschlag
EUR 56.–/CHF 88.–
ISBN 3-258-06040-1

Pressestimmen zum Atlas der Textilien

«Dieses Grundlagenwerk wird seinem Versprechen gerecht, zeigt der ‹Illustrierte Führer durch die Welt der traditionellen Textilien› doch das gesamte Spektrum der Techniken vom Weben, Nähen, Stricken über Färbe- und Drucktechniken bis zu Materialien des Textilschmucks und der Dekoration. Das liebevoll gestaltete Werk geht überdies auf die Geschichte der Textiltypen ein, und mit zahlreichen Hintergrundinformationen geben die Autoren einen umfassenden Eindruck vom kulturellen Wert der Textilien.»

(BW Fashion Technics)

«Ein Kompendium, das kaum Fragen offen lässt. ... ein Buch, das man irgendwo aufschlägt und dann einfach immer weiterliest.» *(Leben & Lesen)*

«Ein Muss für alle Stoff-Freaks. Der umfangreiche Band ist einzigartig in seiner Gestaltung, seinem breiten Themenspektrum und seinen reichen Illustrationen.»

(www.abenteuer.wissen.de)

Haupt Verlag E-Mail: verlag@haupt.ch • www.haupt.ch